How to be a High-Flier
in Business and
a Magnet for Women

モテる
コンサルティング
戦略

シオンコンサルティング・CEO
織田隼人
Hayato Oda

PHP

はじめに

「経営コンサルタント」と「心理分析」という2つの仕事をやっていて、気づいたことがあります。それは、経営と恋愛に使えるノウハウ・テクニックは似ているどころか、まったく同じである、ということです。例えば、本書の中で使用しているAIDMAモデルにいたっては、すでに経営の分野でも心理の分野でも使われています。

　他にも、ライバルがいるときの戦い方や、ターゲットの狙い方、そもそもの考え方（理念）までも、定石は全く同じなのです。

　経営に使われる戦略のルーツをさかのぼると、中国の「孫子の兵法」にまで行きつきます。戦争に使われていたものが、経営にまで使われるようになった。これほどまでに「戦略」というのは応用範囲が広いのです。

　本書で使用している経営のメソッド（手法）は、現役の経営コンサルタントが実際に使っているものばかりです。本書の内容は、一見軽薄に思えるかもしれませんが、経営コンサルタントとしてのベースとなる知識の多くを平易に身につけられるように書きました。戦略的思考と心理の新たな世界の広がりを、是非体感してください。

　本書があなたの手に渡り、あなたの知識の一端としてお役に立てることを願っています。

2006年9月　織田隼人

CONTENTS

001　はじめに
006　本書の使い方

第1章：戦略以前の男の常識

010　**Chapter 01**
最低レベルを乗り越えよ

衛生要因

KEYWORD→アキバ系／彼氏がいるかどうか、一発でわかる質問／俺のいいところを見てくれ／ユニクロは部品を売っている／HACCP／食べると食中毒になりそうな男／放っておくと嫌われる／ファッションの力

024　**Chapter 02**
長所を伸ばす！長所を作る！

動機付け要因

KEYWORD→脱オタ／女性が喜ぶ褒め方／「食べても食中毒にならない男」より「おいしい男」／やりがい＝動機付け要因／女性の好きな男性の行動／萌えポイント

036　**Chapter 03**
相手から望ましい反応を返してもらうために

4つのP

KEYWORD→「無難ないい人」がモテるための要素／一発逆転よりも、マメさが大事／よい商品が必ず売れるわけではないのが、世の常／4P＝Product（製品）；Price（価格）；Place（チャネル）；Promotion（プロモーション）／恋愛4C＝Customer Value（価値）；Customer Cost（負担）；Convenience（会う機会・連絡する機会）；Communication（コミュニケーション）

第2章: 出会い市場への進出

050　**Chapter 04**

問題児がスターに。そして負け犬に……

プロダクトポートフォリオ
マネジメント（PPM）

KEYWORD→自分の嗜好と行動範囲／「のどが渇いた」は危険信号／「自分の好み」×「自分の周りにいる女性」の面積／成長ベクトル／市場浸透戦略・新市場開拓戦略・新製品開発戦略・多角化戦略／①問題児→②花形→③金のなる木→④負け犬／一見さんで終わるな

064　**Chapter 05**

未踏のパラダイスを発見する

ブルーオーシャン戦略

KEYWORD→ライバルが存在しない場所／「こうしたらいいんじゃないかな」は危険なセリフ／「妥協」よりも「新しい可能性」／ニンテンドーDSとPSP／みんなが狙っているレッドオーシャン女性・みんなが狙わないブルーオーシャン女性／奢ったときに「すみません」という女性に注目

第3章: ライバルに勝つ戦略

080　**Chapter 06**

自分の戦うべきフィールドを決定する

ポジショニングマップ

KEYWORD→自分のフィールドで戦う／合コン必勝法／ドトール vs. スターバックス／ターゲットにとって必要な軸

094　**Chapter 07**
二番手以下を追い落とす

リーダーの戦略

KEYWORD→リーダー、チャレンジャー、フォロワー、ニッチャー／松下電器リーダーの戦略／コカ・コーラ vs.ペプシ／伊藤園が契約農家から仕入れる理由／王者が他のマネをする―同質化戦略／全部買い占め！―参入障壁／○○円まで彼女につぎ込める！

106　**Chapter 08**
弱者が王者に勝つ方法

リーダー以外の戦略

KEYWORD→言ってはいけない言葉／立場変われば戦略変わる／チャレンジャーの差別化戦略／フォロワーの追随戦略／ニッチャーの一発逆転ニッチ戦略／ライオン vs. ジョンソン・エンド・ジョンソン／ジェネリック医薬品

第4章：もう一押し！の戦略

120　**Chapter 09**
ゆきづまったときの解決法

キャズム

KEYWORD→まずいメールの送り方／男女の気持ちの盛り上がり曲線／「やりすぎ」にご注意／プロダクトライフサイクル／イノベーター（革新者）→アーリー・アダプター（初期採用者）→アーリー・マジョリティ（初期追随者）→レイト・マジョリティ（後期追随者）→ラガード（遅延者）／第2ステップが重要！／「女性の気持ち」ライフサイクル

134　**Chapter 10**
いきなり決断を迫るのは、時期尚早

AIDMAモデル

KEYWORD→付き合ってもらうまでの5つのステップ／二度目の誘いは付加価値をつけて／Attention（注意）→ Interest（興味）→ Desire（欲求）→ Memory（記憶）→ Action（行動）／電動歯ブラシ購入までの例

148 Chapter 11

押すだけが戦略ではない。時には引くことも必要だ

Push戦略とPull戦略

KEYWORD→言い寄られる男になるには／「それよりこっち」よりも「わかるわかる」／モテるのは上位2割だけ／「見た目」と「女性との接し方」／「訪問販売」と「通信販売」

第5章: 顧客満足の条件

164 Chapter 12

既存顧客を見直すべし

CRM（Customer Relationship Management）

KEYWORD→新規顧客・既存顧客・優良顧客／危機が訪れたときの対処法／商品の維持・メンテナンス／パソコンのユーザー・サポート／女性は「愛情の証明」を求めている

178 Chapter 13

何よりも、自分の行動指針がすべての始まりである

理念

KEYWORD→ハイヒールは疲れる／「欲望」と「理念」／「もらう」より「与える」／恋愛理念／経営コンサルタントの著者、本領発揮／市場環境分析／既婚者がモテる理由

191 巻末付録：

やさしい経営用語辞典

本書の使い方

【本書の特徴】

本書は、経営と女性心理における「戦略」について解説する本であり、経営戦略を女心になぞらえて解説しているため、以下のような特徴がある。

① たぶん『日本一やさしい経営の教科書』。
② 複雑な女心を「経営」の理論にまで昇華させることができる。
③「デキる男」「モテる男」として、一躍脚光を浴びるようになる。

【このような方におススメ】

本書は、以下のような方に特におススメである。

- 今からＭＢＡや中小企業診断士の学習をしようとしている方。
- 課長や部長になったばかりの方。
- 女性にモテる、スマートな男性になりたい方。
- 今後、会社で出世していこうと考えている方。
- 理不尽な上司に対して理論武装をしたい方。
- 女性心理を知りたいと思っている方。
- 今後、起業しようと考えている方。

本書を読み終えたあなたは、日経新聞などの経済紙の内容を、マンガでも読むかのように、スラスラ理解できるようになる。また、本書の内容を女性向け商品の開発や販売などに役立てることも可能である。女性心理が手に取るようにわかるようになったあなたは、必ずや「デキる男」「モテる男」になれるだろう。

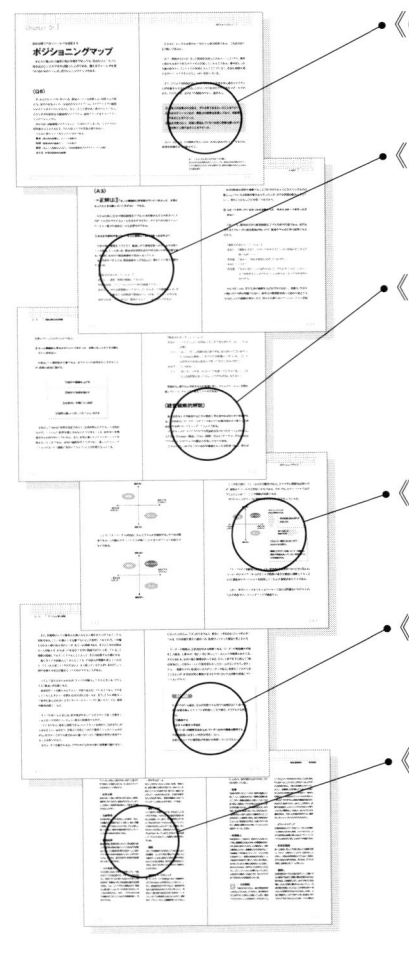

- 《**Q**》 クイズ。設問を読み、あなたが登場人物だったらどのような行動を取るか、3つの選択肢の中から選んでほしい。

- 《**A**》 正解と簡単な解説。【**想定されるシチュエーション**】などを紹介しながら女心に鋭く切り込む。

- 《**経営戦略的解説**》 経営戦略と男女関係との類似性について解説。ここであなたは、「ビジネスに役立つ経営戦略」と「本当の女心をつかみ、モテる男になる方法」を同時に理解することができる。

- 《**図解付きで説明**》 言葉だけではわかりにくい、経営戦略と女心。随所にパッと見てピンと来る図解を掲載。

- 《**応用問題**》 各々のChapterで学んだことを実践で生かすための応用問題。通勤電車の中などで考えるとよいだろう。

- 《**巻末付録 やさしい経営用語辞典付き**》 経営用語をわかりやすく紹介。ウィットに富んだ解説なので、笑いながら読めて、タメになる。サッと目を通しておけば、明日の会議やデートに使える！

ブックデザイン：内田雅之 (VOLTAGE)

How to be a High-Flier in Business and a Magnet for Women

第1章：戦略以前の男の常識

Chapter 01

最低レベルを乗り越えよ

衛生要因

「俺のいいところを見てくれ」「この商品は最高なんだ！」 こう叫んだところで、致命的な点が1つでもあればその時点でノックアウトである。必要最低限のところをクリアしなければ長所は見えてこない。

《Q1》

あなたとあなたの周囲の友人たちは、アキバ系である。ファッションや流行に興味がないので、見た目はカッコいいとは言い難い。また、内向的で、女性と話をすると緊張してしまい、気の利いたことを言うこともできない。変わらなければならないと思いつつも、そのことに反発する気持ちもある。彼女になる人には、外見にこだわらず自分の内面を見て欲しい、外見だけのナンパ男に引っかかるような見る目のない女はこちらから願い下げだ、と思っているからだ。このような状況において、あなたが彼女を作ろうと決心した場合、まず何から始めるべきだろうか。

① まず、ファッションから入る。10万円ほど握りしめて、おしゃれな洋服屋に行き、店員に全身コーディネートしてもらう。
② 自分を受け入れてくれる女性を探して、習い事やパーティに参加する。
③ 株や仕事で稼ぎ、お金というパワーを身につける。

何かしようと動き始めることはとても大切なことである。しかし、動き方次第で結果が大きく左右されることがある。経営学的観点から見てみた場合、正しい選択肢はどれになるのだろうか。

Column #001

彼氏がいるかどうか、一発でわかる質問

　気になった女性に彼氏はいるのだろうか。あなたも、このような疑問を持ったことがあるかもしれない。こういうとき、ちょっと引っかけの質問をすると、彼氏がいるのかどうかを聞き出すことができる。まず、最初に「最近忙しい？」と聞くのである。

そして相手から
◇「忙しいよ」と答えられたら
　「それじゃあ彼氏と全然遊べないね」と返そう。
◇「忙しくないよ」と答えられたら
　「彼氏といっぱい遊べていいね」と返そう。

　これだけで、相手に彼氏がいるのかを聞き出すことができる。彼氏がいる女性からは「そうなんだよね（つまり、彼氏がいる）」という答えが返ってくるし、彼氏がいない女性からは「実は、彼氏いないんだよね」という答えが返ってくる。ぜひ、試してみよう。

《A1》

→正解は① まず、ファッションから入る。10万円ほど握りしめて、おしゃれな洋服屋に行き、店員に全身コーディネートしてもらう である。

　今回の戦略オプションの中で大切なのは、「致命的な点は改善努力をしなければならない」ということと、「致命的な点はある程度改善すれば十分」ということである。
　ファッションセンスに致命的欠陥があったため、外見をある程度改善し、「誰が見ても大丈夫な状態」にするという選択肢①が正解となる。

① **まず、ファッションから入る。10万円ほど握りしめて、おしゃれな洋服屋に行き、店員に全身コーディネートしてもらう。**

　今までマイナス評価だった自分のファッションをそこそこのレベルに持っていこうとするのが、この選択肢だ。マイナス要因が排除されるので、「嫌われる」ということがなくなる。嫌われる要因がなくなって初めて、好かれる可能性が出てくるのである。ファッション変更の際に重要なポイントは、**人に頼る**ということである。自分のファッションセンスがイケてなかったのだから、自分の力でやろうとするとマイナスから抜け出せなくなってしまう危険性がある。だから、人に頼った方が成功する可能性が高いのだ。
　お店を選ぶ段階で、女性ウケを考えている店を調査し、店員にコーディネートをお願いすれば、センスの問題は解決する。金はかかるが、そこにはフ

ァッションの授業料が含まれている。

　複数の店に行って自分でコーディネートするのは、自分のセンスという「今までの失敗要因」を引きずることになるので、やめておいた方がよいだろう。また、安い店に行くと、同じように失敗してしまう可能性があるので要注意である。

　ユニクロのような安い店では、コーディネートに使用する「部品」のみを売っている。全身のコーディネートをすべてそこで仕入れることはできない。安い店を利用するためには、以下のような手順で、自分にファッションセンスを定着させてから使っていくとよい。

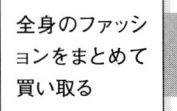

全身のファッションをまとめて買い取る	→	新しいファッションが定着して、どのような服がよいかがわかる	→	ユニクロのような安い店を組み合わせて使うようにする

【想定されるシチュエーション】
あなた：「最近、ファッション変えてみたんだけど、どう？」
女友達：「うん、悪くないよ。すっごくカッコいいってわけじゃないけど、普通に好感度高いよ」
あなた：（ふっ、俺のねらい通りだ……）

　ダメだったところを改善して、ダメではなくなるようにするための第一歩が大切なのである。

② 自分を受け入れてくれる女性を探して、習い事やパーティに参加する。

　失敗の原因を正さずに行動すると、同じ失敗を繰り返すことが多い。ファッションがダメなままで受け入れてくれる女性も、中には存在する。しかし、可能性が低いのは確かである。

　10人に1人しか受け入れてもらえない男性が、新しい出会いを作り、30人に出会ったとしても、3人にしか受け入れてもらえない。しかし、10人に6人が受け入れてくれるような男性になっておけば、新しい人間関係を作った際に、5人中3人には受け入れてもらうことができるのである。

【想定されるシチュエーション】
友人の結婚式の二次会にて
あなた：「こんにちは、初めまして」
相手の女性：「初めまして」（うわー、なにこの人、ちょっとダサイ）
あなた：「新婦の同期の方ですか？」
相手の女性：「あ、ええ。あの……、ちょっと友達が待っているんで、それでは」（そさくさと、逃げるように立ち去っていく）

　「下手な鉄砲も数うてば当たる」という諺もあるが、数をうつということは、「時間や鉄砲の弾というコストを発生させる」というマイナス面も併せ持つ。まず、あなたに必要なのは、鉄砲玉が当たるように練習することだ。なにより、人間関係では、相手に断られることが予想以上のショックとなり、次の鉄砲玉がうちにくくなるのだから。

③ 株や仕事で稼ぎ、お金というパワーを身につける。

　有りといえば有りと言えるのが、この選択肢である。しかし、設問を読み返して欲しい。「外見にこだわらず自分の内面を見て欲しい」とある。金の力とは恐ろしいもので、外見よりもはるかに強い力を持っている。外見がよくても内面がダメなら女性に嫌われるだけであるが、金の力がある場合には、性格がダメでも許されてしまう場合がある。自分の内面を受け入れてもらえないこの選択肢を選んでしまったあなたは、そもそも「自分の内面を見て欲しい」という望みはかなわない。

【想定されるシチュエーション】
　あなた：「最近、株で儲けているんだ」
　相手の女性：「すごいですね!!　今度おいしいもの食べさせてください」
　あなた：（なんだ、急に態度が変わって。結局、金か……）

　金に釣られる女性もいれば、釣られない女性もいる。しかし、金を武器にした場合、金に釣られる女性しか寄ってこなくなり、結局、女性不信に陥ってしまう可能性が高いのだ。気をつけよう。

《経営戦略的解説》

人には、好かれるポイントと嫌われるポイントがある。経営学用語では、**好かれるポイントを「動機付け要因」、嫌われるポイントを「衛生要因」**と呼ぶ。

女性は男性を一目見たとき、以下のような3つの分類分けを瞬時に行っている。出会った瞬間に女性にNGを出されると、それでもう終わり。このNGのポイントこそが衛生要因である。「清潔感がないからイヤ」とか「だらしなさそうだからイヤ」と思われないようにすることが重要なのである。

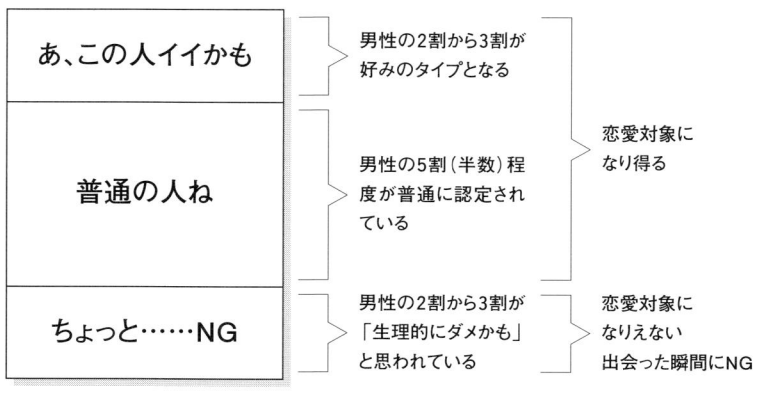

衛生要因は、ある一定線を超えると急に「嫌われる要因」となる。ただし、衛生要因をいくら改善しても相手に好影響を与えることはない。不潔な感

じがするとすごく嫌悪感を持つが、いくら清潔であっても、それだけで相手が「素敵」と思うとは限らない。衛生要因は「嫌われる要因」であり、「好かれるために改善すべき要因」ではないのである。

言い換えると、ある一定レベルを満たしていれば衛生要因については問題はなくなり、嫌われないようになる。しかし、それ以上にがんばっても成果は出ないのである。

食べても食中毒にはなりません

食事に置き換えてみるとわかりやすい。いくらおいしいデザートでも、食べたらおなかをこわす可能性があったら、そのデザートを食べる人はほとんどいない。さらに、食品で食中毒が起こった場合、食品メーカーは社会的な制裁を受けることが多い。場合によっては不買運動が起きたり、行政から指導を受けたりと、マイナス面が多くなる。しかし、食中毒を起こさないからといって購買の動機になるわけではない。購買の動機になるのは「おいしい」など、別の理由である。

この、食中毒を起こすというような「ダメな要因」が衛生要因である。食品メーカーは、食品の安全を守るため(衛生要因で不満に感じられないようにするため)に「ＨＡＣＣＰ（ハセップ）」という管理法を実践している。ＨＡＣＣＰはHazard Analysis（危害分析）and Critical Control Point（重要管理点。以下「ＣＣＰ」と略す）の略である。

このＣＣＰが衛生要因の管理に対応している。ＣＣＰを超える場合には

第1章　戦略以前の男の常識

「何かしら問題がある」と判断し、対応策をとる。衛生要因は、ある一定線を超えると急に嫌われるポイントとなる。この、ある一定線を超えないように管理するのがＣＣＰなのである。

　いきなりだが、下の図を見てみよう。食品のパッケージには「ＨＡＣＣＰ」という記述のあるものが多い。メーカーは「私たちは、がんばって品質管理をやっています」と宣言しているのだ。

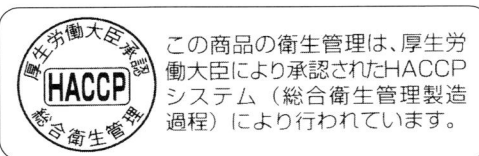

牛乳パックのパッケージをもとに作成

　このＨＡＣＣＰ、もともとはアメリカのＮＡＳＡで使われていた食品管理の方式である。宇宙で食中毒が起きると最悪なことになる。だからこそ、「食中毒が起きないようにするためにどうしたらよいか」と深く掘り下げて研究され、実践された。その品質管理の実践結果がＨＡＣＣＰという形になったのである。

　ＨＡＣＣＰの手順は2段階ある。
　1段階目は、Hazard Analysis（危害分析）である。「問題が起きそうなところを分析して、管理が必要である場所を特定する」
　2段階目は、Critical Control Point（重要管理点）である。「管理が必

HACCPの大まかな手順

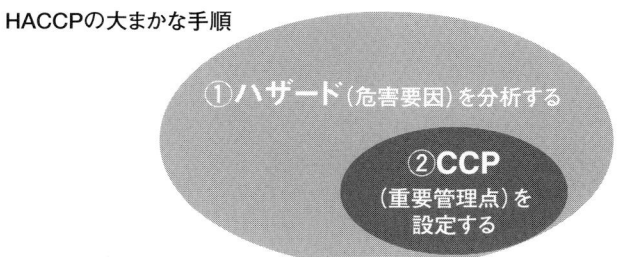

要なところを、『問題が起きないように』監視する」

"食品の加工過程で、雑菌が入りそうなところはどこか"というように、問題が起きそうなところを分析（Hazard Analysis）し、危険なところ（Critical Control Point）を重点的に管理するのである。それにより、衛生要因が問題となって消費者に買ってもらえないという事態はなくなる。

もちろん、HACCPをやるだけで買ってもらえる商品になるわけではない。あくまでも衛生要因をクリアした状態、つまり『嫌われるポイントをなくした』だけである。

衛生要因をクリアする

恋愛において、女性から「NG」を出されるのは、食品において「食中毒になりそう」と思われるのと同じである。たとえ中身がどれだけ素晴らしくても、体が受け付けない。

つまり、どれほど内面が優れていても、女性にとって「ダメだ」と思われるところをクリアしていなければ、恋愛の対象として見てもらえないのである。

恋愛対象の5割に入るためには、女性が考える衛生要因をクリアする必要がある。ＨＡＣＣＰの手順で、衛生要因をクリアする方法を見ていこう。

恋愛 Hazard Analysis（危害分析）

まずは、女性がＮＧを出しそうなところを分析する。学歴？　年収？　顔？　ファッション？　いろいろ思いつくことがあるだろう。時間を短縮するため、Hazard Analysisの結果を以下に記述しておこう。

清潔感のない男はNG
会話ができない男はNG
マナーを守れない男はNG

Hazard Analysis（危害分析）結果 A

この結果をさらに深く分析していくと、次のようになる。

清潔感の ない男は NG	▶ Yシャツの襟が汚れている ▶ フケが肩についている ▶ 髪の毛に寝癖が残ったままである ▶ 鼻毛の処理をしていない ▶ ズボンの裾が短すぎる／長すぎる ▶ 靴が汚れている ▶ シャツにアイロンが当たっていない ▶ お金を財布に入れずに、ポケットにつっこんでいる ▶ だらしない服装をしている
会話が できない 男はNG	▶ ウンチクを言う ▶ 自慢ばかりする ▶ 批評をする
マナーを 守れない 男はNG	▶ 並んで歩くときに歩調を合わせず一人で先にすすんでしまう ▶ 歩きタバコ、または女性が食事をしているときにタバコを吸う ▶ ゴミをゴミ箱ではなくその辺に捨てる ▶ 順番を守らない／順番待ちの人を無視して追い越す ▶ 電車でお年寄りや妊婦に席を譲らない ▶ 約束を守らない ▶ 時間に遅れる／ドタキャンする

Hazard Analysis（危害分析）結果 B

　こうして、危害分析（Hazard Analysis）の結果、重要管理点（Critical Control Point）が見えてくるのだ。上の表から自分がやるべき課題を抽出したものが、恋愛におけるＣＣＰである。

　清潔感については、少し説明を追記しておく。女性は、男性に「清潔感」を求めている。「清潔感」とは「汚くないこと」以外に、「清潔そうに見えること」も含まれている。洗濯機で毎日シャツを洗っていたとしても、アイロンがかかっていなければ清潔感を感じない。Ｔシャツですら、バシッとアイロ

ンがかかっていることを求める。これが、女性の求める清潔感である。

また、単に服を着ているだけという状態や服のセンスが悪い場合ですら、清潔感がないと判断されることがあるから要注意だ。「清潔感」は重要なＣＣＰなのである。

ここで、1つだけ朗報がある。先に述べたように衛生要因については、「最低限のレベルをクリアしていればよい」ということである。

「清潔感」をいくらＰＲしても、モテるわけではない。

食品でも同じである。いくら「食中毒を起こしません」と言われたからといって、その食べ物を買うとは限らない。最終的な判断は、「おいしそうか、おいしそうでないか」で選ぶ。

衛生要因は、「クリアしないと選んでもらえないけど、クリアしても注目されない」のである。

つまり、設問で正解になっている①を選んだからといって、いきなり女性にモテるようになるわけではない。というのも、今回は「最低限のラインを超えるファッションをすること」を目的にしているからである。

恋愛において、多くの場合、ファッションは衛生要因である。特に、今までファッションでがんばっていなかった人間が、いきなりファッションを強みにしようとしても、正直かなり厳しい。

そこで、頭を切り替えるのだ。ファッションは衛生要因だから、ある一定レベルを満たしていればよい、と。例えば、一度センスのある人間にトータル

コーディネートをしてもらって、そのコーディネートを維持すればよいのだ。

そうすれば、女性に嫌われるポイントがなくなり、女性に受け入れてもらいやすくなる。女性に内面をアピールするにしても、まずは外見を受け入れてもらわなければならないのだ。

まず、見た目で「問題ない」と判断されれば、恋愛対象のグループに入ることができる。恋愛に発展するのは、その次の段階なのだ。

おいしい食品を売るには、その前提として「食中毒を起こさない食品である」ということを消費者に理解してもらわなければならない。恋愛も同じで、女性に「僕はあやしいものではありません。問題児でもありません」ということを理解してもらわなければ、そもそも恋愛対象にすら入れてもらえないのである。

応用問題

自分の衛生要因（放っておくと嫌われることになってしまう要因）を挙げよ。また、その衛生要因を改善するための方法を、1つの衛生要因につき2つずつ挙げよ。

Chapter 02

長所を伸ばす！長所を作る！

動機付け要因

　いくらダメなところを直しても、モテる人間、売れる商品にはならない。長所があって初めて「この人がいい」「この商品が欲しい」と思うのである。ダメなところを直したら、動機付け要因、つまり長所を伸ばすことに専念する必要がある。

《Q2》

　あなたは、脱オタ（オタク脱出）を完了した状態である。人前では、オタクなところを隠すようになった。これで、衛生要因はクリアしたわけである。女性と話をすることくらいは普通にできるようになり、女性からも話しかけてもらえるようになった。

　ちなみに、あなたのスペックは以下の通りである。
・脱オタしたばかり
・顔：普通
・身長：168ｃｍ
・体重：普通よりやややせ気味
・性格：優しい系
・服装：脱オタファッション（女性に受け入れられる無難な服）
・職業：プログラマー

衛生要因もクリアしていることだし、今回からは「女性に好かれる」ポイントを伸ばしていくことにする。

さて、あなたはいったいどういう行動をとっていくべきだろうか。

> ① 今よりもっとファッションを極めていく。
> ② 言葉遣いやマナーをもっと向上させていく。
> ③ 自分の優しさが相手に伝わりやすいように、こまめな気遣いを心がけていく。

女性に好かれるポイントとはいったい何なのであろうか。好印象を持ってもらうために自分が実施すべき事項を考えていくと、答えは見つかる。

Column #002

女性が喜ぶ褒め方

男性と女性とで、褒められてうれしい事柄は違う。男性は、結果を褒められるとうれしく思うもの。反対に、女性の場合はプロセスを褒められるとうれしくなるのだ。

例えば誕生日プレゼントをもらったとき。「これ、欲しかったんだ」だけではまだまだ足りない。「これ欲しかったんだ。なかなか見つからないものだけど、いろいろと探し回ってくれたんだね」と言ってあげると女性は大いに喜ぶ。女性にはプロセスを褒めるように心がけよう。

《A2》

→正解は③ 自分の優しさが相手に伝わりやすいように、こまめな気遣いを心がけていく　である。

　今回の戦略オプションの中で、大切なのは「女性に好かれる行動をとる」ということである。衛生要因がいくら満足するレベルであっても、女性に好かれるわけではない。衛生要因を満足させると嫌われなくなる、というだけである。今回の問題の本質は、好かれる要因（＝動機付け要因）と嫌われなくなる要因（＝衛生要因）を分けて考えることである。

① **今よりもっとファッションを極めていく。**

　ファッションについては、前章で解説したように「衛生要因」である。衛生要因はある程度のレベルを超えるだけで十分である。また、今回の設問には「脱オタを完了した状態」とある。まだファッションを極めるには早すぎる。ファッションを極めるにしても、もう少し時間をかけてセンスを磨いてからにした方がよいだろう。

【想定されるシチュエーション】
あなた：（ふふん、胸元に十字架のネックレス。カッコいいぞ、俺）
女友達：「あ、今日はおしゃれしてるねぇ」（うーん、最近ナルシストっぽくなってきたなぁ）

あなた：「お、サンキュー」
　　　女友達：（ファッションより、もっとその性格を何とかした方が……）

　衛生要因にばかり気をとられていると、動機付け要因を満たすことを忘れがちになってしまう。衛生要因はある程度クリアすればよい、ということを思い出すのが大切である。

② 言葉遣いやマナーをもっと向上させていく。

　言葉遣いやマナーも衛生要因の一つである。設問中には女性とは普通に話せる状態になっているとある。すでに言葉遣いやマナーに気をとられるステージは完了している。

【想定されるシチュエーション】
イタリアンレストランでのコンパにて
　　あなた：（マナーはバッチリ。言葉遣いも丁寧で完璧だ）
　　相手の女性：「××さんって、育ちがよさそうですね」
　　あなた：「褒めていただき、ありがとうございます」
　　相手の女性：（話が続かないよ。マナーなんか気にするよりも、この場
　　　　　　　　を楽しませて欲しいのに）

　マナーはあくまでも「できていて当然のこと」で終わってしまう。次のステージは自分の長所を表現していくことである。

③ 自分の優しさが相手に伝わりやすいように、こまめな気遣いを心がけていく。

　これが正解の選択肢である。衛生要因を改善するステージが終わったら、自分の長所を伸ばしていくステージに突入する。優しいという長所を伸ばし、相手に自分の長所をさりげなく伝えるには、気遣いを心がけることが一番である。そのためには「自分の長所が相手にとってどのように役立つか」というように考えてみるとよい。「優しい」は自分から見た視点で、「気遣いができている」が相手から見た視点となる。相手から見た長所を実行していくことが成功の秘訣である。

【想定されるシチュエーション】
二人で歩道を歩いているとき
　あなた：（女性に車道側を歩かせちゃ危険だから、僕が車道側に行こう）
デパートに入るとき
　あなた：（ドアって意外に重いから、先に僕がドアを開けてあげなきゃ）
レストランにて、相手の女性がナイフを床に落としてしまったとき
　あなた：（ギャルソンに向かって）「すみません、彼女に替えのナイフをお願いします」
　相手の女性：（この人、いろいろ私のことを気遣ってくれているんだ。なんだかうれしい）

　ちょっとした気遣いをすることで、女性からの好感度がアップするだろ

う。自分の長所とはいったい何かを見直してみよう。

《経営戦略的解説》

前章で解説したように、人には好かれるポイントと嫌われるポイントがある。好かれるポイントを「動機付け要因」、嫌われるポイントを「衛生要因」と呼ぶ。

動機付け要因	好かれる要因 ▶自分の良いところを「女性に受け入れられるように」うまく表現すると、動機付け要因になりうる
衛生要因	嫌われる要因 ▶ここは最低限クリアしていないといけない

自分に自信がない間は、どうしても衛生要因にばかり目を向けがちである。しかし、ある程度、衛生要因をクリアした後は、動機付け要因に目を向けた方がよい。言うなれば、衛生要因は基礎学習。足し算や引き算のようなものである。

動機付け要因は、専門分野。自分自身の特徴となるものである。この2つがそろってこそ、女性から好意を持たれるようになる。

動機付け要因を改善するために、自分の長所を伸ばすこと。そして、長所を「女性に受け入れられやすいように表現する」ことである。

あなたは、働いている。それは長所である。働いている姿を想像させるような服装で、女性の前に登場しよう。そうすると、女性はあなたに惹かれやすくなるのだ。

女性は白衣を着ている男性に弱い。パイロットの制服にも弱い。スーツ姿にも弱い。工場の作業着にも弱い。なぜなら、女性は男性の「働いている姿」に魅力を感じるからである。このように、自分の長所を視覚的に表現することで、女性にとっての「恋愛対象」に入り込むようにしよう。

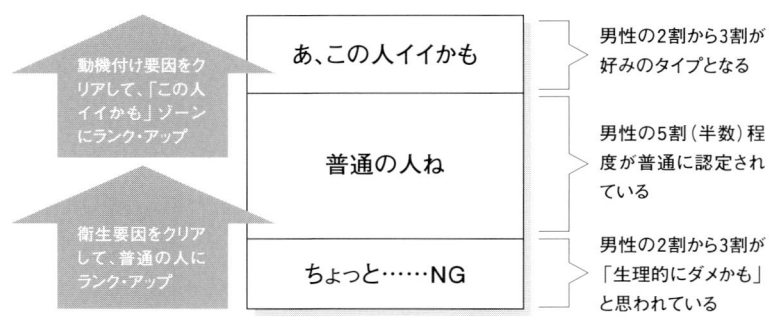

嫌われない状態を作ったら、次に好かれる状態を作り出すことが必要なのだ。

給料とやりがい

「給料を高くすれば、いい人が雇える」

こう考えている社長は結構多い。しかし、多くの場合、給料は衛生要因で

ある。年棒が1000万円や2000万円といった、普通ではなかなかもらえない金額であれば、動機付け要因となり得る。しかし、他の企業に比べて少し高い程度では、動機付け要因にはならないのである。

　給料の額がある程度思い通りになった後は、多くの人は仕事に「やりがい」を求めるようになる。「電子部品の設計が好きだ」とか「美しいプログラムを書きたい」「販売員として人と接していたい」「店舗のコーディネートをやってみたい」という自分の望みを持って仕事をする。この「やりがい」こそが、動機付け要因となる。

　むろん、すべての仕事を「やりがい」のあるものにできるわけではない。しかし、やりがいのある仕事を発掘し、それを従業員に提供していくようにしている企業は伸びていく傾向がある。なぜなら、企業の成果は従業員が生み出すからである。従業員がよい成果を生み出せるようにするには、従業員が「成果を出したい」と思える環境を作ることが必要なのだ。

　そのためには、最低ラインである「衛生要因」を満足させることだ。残業が多すぎないか、給料は安すぎないか、職場はキレイであるか。こういうことをある程度のレベルまでクリアする。その後は、動機付け要因を伸ばしていく。
　「仕事にやりがいがあるか」「職場の雰囲気は盛り上がっているか」「努力したら（結果が出なくても）褒めてもらえるか」「自分たちのアイデアが形となって実現しているか」

このように動機付け要因を確認し、「働きたい」という気持ちが出るようにしていく。

動機付け要因 ＝企業の成長 への階段	▶ 仕事にやりがいがあるか ▶ 自分のやりたい仕事があるか ▶ 職場の仲間と仲良くできているか ▶ 努力したら褒めてもらえるか
衛生要因 ＝企業の土台	▶ 職場がキレイか ▶ 給料は安すぎないか ▶ 残業は多すぎないか

衛生要因をクリアして土台を作り、動機付け要因をクリアし成長への階段を作ることによって、企業は成長していくのである。土台が安定していなければ、成長してもいつ傾くかわからない。土台がいくら安定していても、階段がなければ上に上がることはできない。動機付け要因、衛生要因の両方を達成することが必要なのだ。

動機付け要因を極める

恋愛における動機付け要因を考える際に注意すべき点がある。それは「相手から見た視点」を考慮することである。

「優しい」は自分から見た視点である。相手から見た視点に切り替えると「気遣いができる」といった言葉になる。

「男らしい」といった内容も、「決断が早い」とか「相手が困っていたら自分の身を顧みずに助けようとする」というように、女性から見て長所となる

ような内容に言い換えておいた方がよいだろう。

相手から見た自分の長所が何であるかを明確に理解した上で行動すると、相手の女性もその長所を感じ取るようになる。これが、動機付け要因を表現するための基本的な方法である。

さらに、動機付け要因を表現する応用的な方法がある。それは、女性の「萌えポイント」を刺激することである。萌えポイントとは、女性の胸にキュンとくるポイントである。男性がスーツを着ている姿や、眼鏡をかけている姿は、萌えポイントの一つである。ほかにも複数の萌えポイントがある。ここでは、行動特性での萌えポイントを見ていこう。

行動特性の萌えポイントとは、女性が好きな男性の行動である。行動特性なので、男性の誰もが実行することができる。これらは機会があるごとに是非実行していただきたい。

車庫入れ	車に乗っているとき、特に車庫入れ時に萌えポイントが存在する。バックをするときに、助手席のシートに手をやって後ろを見ながら運転するのだ。確かに、ミラーだけでバックするのが上手いやり方ではある。しかし、そんなことは女性には関係ない。助手席のシートに手をやる姿に、女性は胸がキュンとなるのである。
荷物を持ってあげる	女性が重い荷物を抱えているとき、何も言わずに後ろから荷物を取り上げて持ってあげる。

荷物を持ってあげる	特にいいのが、女性が高いところに物をのせようとしているときだ。後ろから、ひょいっと上にのせてあげると、女性は男性の優しさに感動、萌えポイントを刺激される。
謙虚笑い	普段クールな人間に限り、有効な手段である。普段クールな人間が褒められたときに、恥ずかしそうに笑う。クールな人間には近寄りがたいと思っていた女性が、「かわいい!」と感じ、一気に二人の心の距離が縮まる。
ドア開け	目の前にドアがあるとき、さっとドアを開けて女性を通してあげると、女性はお姫様気分になってうっとりとする。会社の会議室から、デパートの入り口にいたるまで、ドアは無数にある。 つまり、チャンスも無数にある。自動車のドア開けも、女性にとっては「非常にうれしい」行為である。
真剣な姿	仕事やスポーツ、音楽活動などに真剣に取り組んでいる姿を見せる。なぜか、文系やオタク系の趣味に真剣に取り組んでも、あまり評価は得られない。
耳を傾ける	話が聞き取れなかったときに手を添えて耳を傾けると、それが萌えポイントになる。
車道側に自分が	二人で歩道を歩くときに、車道側を自分が行く。女性は「守ってもらえているんだ」と思ってうれしくなる。さらに、ある程度仲良くなっている場合には、女性が障害物や自転車、人に気づかずぶつかりそうになったとき、無言で腕をつかんで引き寄せたりすると、効果は倍増する。

萌えポイントはほかにも多数存在する。当然ながら、衛生要因で引っかかってしまっている場合に萌えポイントを導入しても「気持ち悪い」で終わってしまう。また、萌えポイントの刺激はあくまでも応用的な方法であるため、基礎的な部分（自分の長所を表現する）が欠けていると意味がない。

```
衛生要因  →  動機付け要因  →  萌えポイント
人として当たり前の基準をクリア    相手にとって役立つ        ここでトドメを刺す！
                      人間であることをアピール
```

まずは、衛生要因をクリアし、その後に基礎的な動機付け要因を磨き、最後に萌えポイントをついていくことが、女性に受け入れられるコツである。

応用問題

動機付け要因の応用編である、萌えポイントを作るために、今から実行しようと思っている事項を3つ以上挙げよ。

Chapter 03

相手から望ましい反応を返してもらうために

4つのP

　どうすれば相手に自分の目的、つまり「顧客に商品を買ってもらう」「付き合ってもらう」ことが達成できるのか。この目的を達成するために考えておかなければならない切り口が４つのP、すなわち「4P」である。

　4Pが整っているかどうかを確認することによって、より正確に目的を達成することができるのだ。

《Q3》

　あなたは、地方の国立大学法学部出身の銀行員である。趣味はルアーフィッシングで、毎週末には仲間と一緒に、時には一人で釣りに出かけている。

　社会人5年目の今は、給料も同じ年齢の人間に比べると少し高い方である。ビジネススクールや資格の学校に通い、いくつかの資格も持っている。

　ルックスは人並みだが、服装や髪型に気を遣っているので、それなりにこぎれいと言える方である。女性に対しても口下手というわけではなく、そこそこの会話で場を盛り上げることができる。

　しかし、あなたはなぜかモテない。いったい、なにが足りないのだろうか。

① まだまだ修業が足りない。もっと勉強して資格を取った方がよい。
② スポーツをやっていなかったのが悪かった。今からスポーツをやった方がよい。
③ もっと積極的に女性に声をかけていくべきだった。女性ともっと接していく方がよい。

モテるための要素とは、いったい何か。それは、マーケティングの観点から読み解くことができる。モテるためにチェックすべき事項を次ページ以降で見ていくことにしよう。

Column #003

一発逆転よりも、マメさが大事

マメな男性がモテるといわれているが、どうしてなのだろうか。実は、マメな男性がモテるのには理由がある。女性と男性とでは、喜びの感じ方が違うからである。男性は大きな喜びを1つ大事にする。いわゆる「一発逆転」というものが起きたときなど、男性は大喜びするもの。

ところが、女性はそうではない。細かい喜びを大事にしている。女性にとっては大きな喜びも小さな喜びも、同じように「喜びは1つ」なのだ。ダイヤの指輪を渡されても、喜びは1つ。自動車から降りるときにドアを開けてもらえても喜びは1つ。女性は喜びの大きさを、男性ほどは気にしていないのだ。女性は、喜びを1つ、2つと数えているので、質より量で喜びを与えた方がよいのだ。

《A3》

→正解は③ もっと積極的に女性に声をかけていくべきだった。女性ともっと接していく方がよい　である。

　モテるために『自分の商品価値を上げる』ための努力をするのはよいことだが、それだけでモテるようになるわけではない。モテるためにはコミュニケーション能力を高めることも必要なのである。

① まだまだ修業が足りない。もっと勉強して資格を取った方がよい。

　自分の商品価値を上げようと、勉強したり資格を取ったりするのはよいことである。ところが、よい商品が必ず売れるわけではないのが世の常である。今現在、あなたの商品価値は十分高くなっている。
　あなたがすべきことは、商品価値を上げる以上に、ほかのことに労力を費やすことだ。

【想定されるシチュエーション】
　あなた：「最近、資格の勉強をしてるんだ」
　相手の女性：「すごーい。いったい何の資格ですか？」
　あなた：「中小企業診断士ってやつ。コンサルタントの資格なんだ。行政書士とか法律系の資格はいくつか取ってしまったからね」
　相手の女性：（もしかして、資格オタク？　……なんかイヤだなぁ）

自分の得意な分野を強調することだけでモテるようになろうとするのは難しい。いろいろな事象が組み合わさって、モテる要素は積み上がっていく。ほかのことにもっと力を注ぐべきだろう。

② **スポーツをやっていなかったのが悪かった。今からスポーツをやった方がよい。**

スポーツも、結局は自分の商品価値を上げるための行為である。あなたは今のままでも十分に商品価値が高いので、勉強をやるのと同じ結果になるだろう。

【想定されるシチュエーション】
あなた：「勉強もできて、スポーツもやろうとしている俺の、どこがモテないんだ―――」
男友達：「はぁ？　おまえ本当にわかってないの？」
あなた：「うん」
男友達：「女のいるところには行かないし、それに、女とコミュニケーションをとろうとしなけりゃ、いくらがんばったってモテるわけないだろ」

やるべきことは、自分自身の価値を上げることだけではない。恋愛は、自分との闘いだけではない。女性と関わりを持って初めて成立するものだ。人との接触を増やしたり、周りの人間とのコミュニケーション方法を学ん

でいくべきだろう。

③ もっと積極的に女性に声をかけていくべきだった。女性ともっと接して いく方がよい。

　今回は、この選択肢が正解である。以下の4つの条件をクリアすることが、恋愛の成功につながる。

①自分の価値を上げる
②相手の負担を減らす
③女性のいる場に入り込む
④相手と楽しいコミュニケーションをとる

　女性にしてみれば、時間を拘束されたり、支出が増えたりすることは負担なのだ。こういった負担を感じさせないようにすることも、付き合いを発展させるためのポイントになる。また、女性と楽しいコミュニケーションをとることだ。自分の価値を示すだけでなく、楽しいコミュニケーションによって「価値に気づいてもらう」ことが必要になってくる。

【想定されるシチュエーション】
あなた：「クミさん、いつも手伝ってくれてありがとう。はい、これお土産」
クミ：「あ、○○さん。ありがとうございます！！」（いつも出張のたびにお土産を買ってきてくれる気遣いっていいな。○○さん以外の人はお土産なんて買ってきてくれないもの）
あなた：「じゃあね〜」
クミ：「困ったことがあったらいつでも言ってくださいね。○○さんにはお世話になってるし、いつでも手伝いますから」

普段から、周りの人や好きな人に気遣いをし、コミュニケーションを密に取っていくと、チャンスも増えていくのである。

《経営戦略的解説》

商品を作るときや販売するときに絶対に考えなければならない要素がある。そのために、マーケティング・ツールをいくつか組み合わせて使うことがある。それが、マーケティング・ミックスである。

マーケティング・ミックスの中でも代表的なものに４Pというものがある。４Pとは、Product（製品）、Price（価格）、Place（チャネル）、Promotion（プロモーション）の４つである。

この４Pがしっかりとしているかを確認することが大切である。例えば

Product 製品	顧客にとって役立つ製品であるかどうか
Price 価格	顧客が買っても良いと思える価格であるか
Place チャネル	顧客が買える状態になっているか
Promotion プロモーション	顧客が買いたいと思える状況を作っているか

「テレビから匂いが出る装置」を新しい製品として開発したとしよう。これを販売するときに、以下のようなことを考えなければならない。

製品 (Product)

今回開発した製品は、「テレビから匂いが出る装置」である。さらに突き詰めていくと、「テレビから匂いが出る装置」はあくまでも製品を作った側の視点であるということがわかる。

顧客の視点で考えてみると、このような言い方ができる。

「料理番組などを見ているときに、テレビに出ている料理のおいしい匂いを感じさせてくれるもの」

顧客にいかに価値を与えることができるか、という視点で、製品の位置付けを行う。

価格(Price)

いくらよい商品であっても、買い手にとって手の届かない価格では意味がない。一方で、自社にとって利益が出なければ意味がない。最適な価格はいくらか、という視点で考える。

チャネル(Place)

顧客にどうやって届けるか──この視点がチャネルである。家電量販店で売るのか、それとも通販で売るのか、売り方によって、買ってくれる顧客が変わってくるものだ。顧客の視点から考えると、チャネルとは「買いやすさ」である。欲しいと思ったときに買える状態にしておくのが最適である。

ただし、家電量販店でも通販でもデパートでも、販売するとなると、売る場所の確保にもコストがかかってしまう。どのようなチャネルで顧客に届けるのかという問題は、非常に難しい。よい商品が必ずしも世に出回らない理由の一つは、チャネルを確保するのが難しいからである。

プロモーション(Promotion)

どうやって商品を知ってもらうか。これがプロモーションである。製品を作ったところで、「テレビから匂いが出る装置がある」という事実を消費者が知らなければ、そもそも欲しいとは思ってもらえない。こんなものがあったらなぁ、くらいは考えてもらえるかもしれないが、探してもらえることは、まずほとんどないといってよい。顧客に知ってもらって、初めてその商品は購入の検討をしてもらえる。プロモーションとは、言い換えると顧客とのコミュニケーション手段を確保することなのである。

これらすべてを顧客視点で言い換えるとするならば、4つのC、「4C」と言われるものになる。

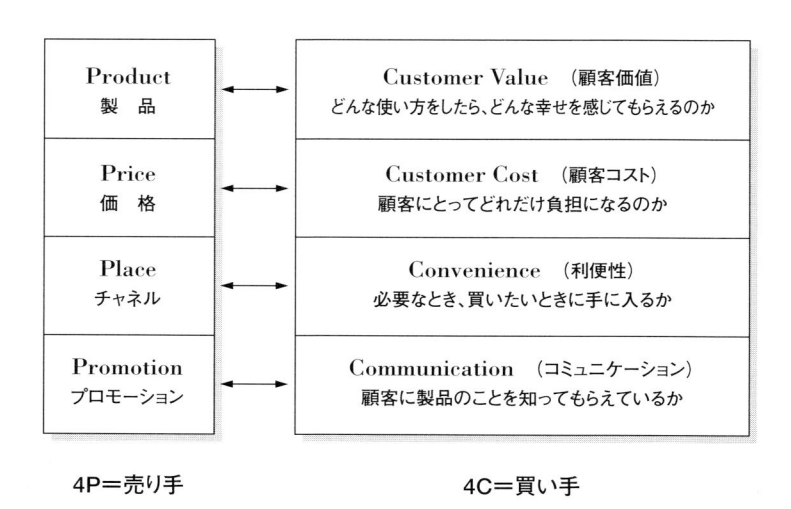

4P＝売り手		4C＝買い手
Product 製品	⇔	Customer Value （顧客価値） どんな使い方をしたら、どんな幸せを感じてもらえるのか
Price 価格	⇔	Customer Cost （顧客コスト） 顧客にとってどれだけ負担になるのか
Place チャネル	⇔	Convenience （利便性） 必要なとき、買いたいときに手に入るか
Promotion プロモーション	⇔	Communication （コミュニケーション） 顧客に製品のことを知ってもらえているか

　4Pは売り手の立場、4Cは買い手の立場である。ものを販売する場合には、企業側の立場と顧客側の立場の両方の視点で考えていく必要がある。

　4Pにしても4Cにしても、どの視点が欠けていても、ものが売れなくなってしまう。チャネルが確立されていなければ顧客に届けることができないし、プロモーションを全くやらなければ、顧客にこんな商品があるのだということも気づいてもらえない。製品を作って売ろうとする場合、かならずこの4Pと4Cの視点が欠けていないかを確認していくことが必要なのだ。

恋愛4C

さて、恋愛において4Cはどのように表現できるだろうか。4Cの確認内容は以下のとおりである。

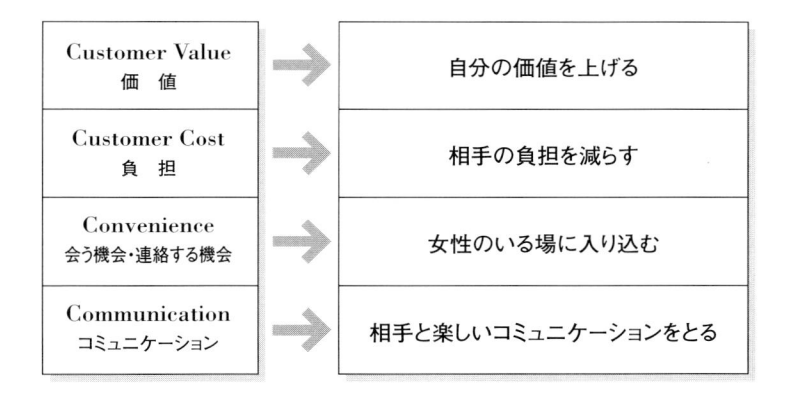

Customer Value 価値	自分の価値を上げる
Customer Cost 負担	相手の負担を減らす
Convenience 会う機会・連絡する機会	女性のいる場に入り込む
Communication コミュニケーション	相手と楽しいコミュニケーションをとる

こうしてみると、やるべきことがわかりやすく見えてくるはずだ。

価値（Customer Value）

自分の価値を上げる。そうすると、女性は「この人となら付き合ってもいいかも」と考えてくれる。ただし、これも女性の立場に立って考えなければならない。自分がいくら価値が上がったと感じていても、女性にそれを感じてもらえなければ意味がない。

女性視点で、どうすれば「イイ男である」と感じてもらえるのかを考えていくことが、自分の価値向上につながるのだ。

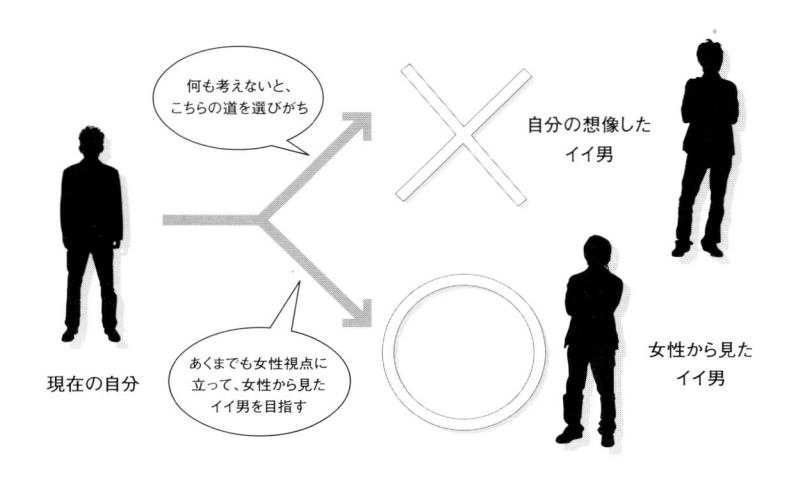

何も考えないと、こちらの道を選びがち → 自分の想像したイイ男 ×

現在の自分

あくまでも女性視点に立って、女性から見たイイ男を目指す → 女性から見たイイ男 ○

負担（Customer Cost）

　一緒に会ったりデートする際は、相手に負担を感じさせない努力が必要。初期の段階で、あまりガツガツしていると「体が目当てかも」と思われてしまい、女性は守りに入る。社会人の男性がデートで奢らなければ、女性にとっては負担になり、「これほど相手に負担を与える人間なのか」というように受け取られてしまう。

会う機会・連絡する機会（Convenience）

　いくら自分がイイ男になっても、女性に出会う機会がなければ、当然恋人はできない。自ら、女性と会う機会を作っていくことが必要である。周りに女性がいないのであれば、なにかしらのパーティに参加するとか、サークル活動に参加するとか、習い事をするというような努力が必要となる。

コミュニケーション (Communication)

　女性と会う機会があれば、自分を上手にPRすることが必要である。ただし、「自己PR」というと男性は勘違いをしやすいので、注意が必要。自己PRも、あくまで女性視点で考える。

　「女性から見て、接しやすく、話しやすい雰囲気を出す」ことが重要である。男性は、気に入った女性を目の前にすると、ついつい「自分はこんなにすごいんです」と言いたくなってしまう。話すのも自分ばかりで、女性に話す機会を与えないということもありうる。これではコミュニケーションが成立しない。女性の方が少し多めに話をしているくらいの方が、女性は満足するのである。

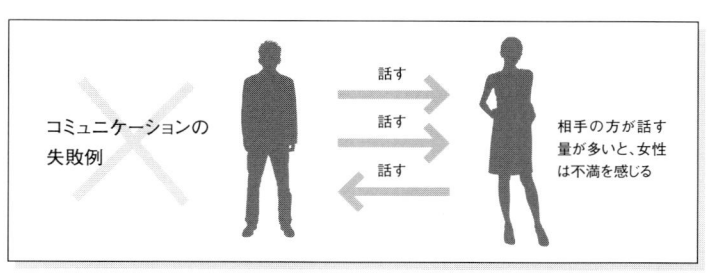

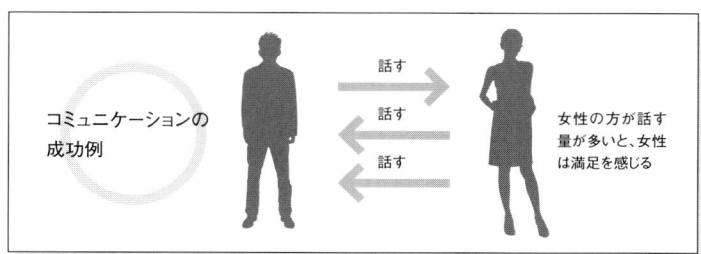

| コミュニケーションの失敗例 ✕ | 男性 →話す→ →話す→ ←話す← 女性 | 相手の方が話す量が多いと、女性は不満を感じる |

| コミュニケーションの成功例 ○ | 男性 →話す→ ←話す← ←話す← 女性 | 女性の方が話す量が多いと、女性は満足を感じる |

人間には耳が2つ、口が1つある。したがって、2回聞いて、1回話すくらいがちょうどよい分量である。女性が自由に話しやすい雰囲気を作って、話を振り、どんどん女性の話を盛り上げていくと、よいコミュニケーションになる。

　これら4Cを恋愛においても満足させていくことが、成功の条件になる。1つでも欠けてしまうと、女性と付き合う可能性が一気に減ってしまう。まず、自分はどれが足りていてどれが足りないのかを再確認していただきたい。

応用問題

　恋愛における4Cを記入し、そこに今から自分が心がけていく事柄を具体的に記述せよ。

How to be a High-Flier in Business and a Magnet for Women

第2章：出会い市場への進出

02

Chapter 04

問題児がスターに。そして負け犬に……

プロダクトポートフォリオマネジメント（PPM）

　ある市場（出会いの場）に足を踏み入れる。最初は見込み客（女友達）すらいない。しかし、そのうち見込み客（女友達）ができ、顧客（恋人候補）が現れる。しかし、長くその市場にいすぎると顧客は減っていく。その市場が今後発展するのか、それとも衰退するのかを確認し、次の手を考えるのが、プロダクトポートフォリオマネジメントである。

《Q4》

　あなたの周囲には、女性がいない。そのため、あなたは、自分に彼女がいない最大の理由は出会いがないせいであると考えている。

　以前は、「コンパに行ってみたいけれど、なかなか誘ってもらえないし」「習い事をする時間もないし」と自分から積極的に動こうとしてはいなかった。しかし、それではいけないと一念発起して、異業種交流会に積極的に参加するようにし、女性に話しかけ、コンパをセッティングするなどの努力をするようになる。

　しかし、それでも出会いがない。「彼女にしたいと思える女性」との出会いがないのである。ちなみに、あなたは"華奢で少しおとなしい感じ"の女

性が好みだ。顔が可愛くて癒し系だったらさらに嬉しい、と考えている。どうしたら、この状況を打開できるのであろうか。

① **そのまま今の場所でもう少しがんばってみる。**
② **理想が高すぎたのかもしれない。自分の好みを見直してみる。**
③ **そもそも、女性を探しに行った場所が悪い。「自分の好みの女性がいる場所」を検討してから女性を探しに行く。**

今回は、自分の嗜好と行動範囲がどのような状態になっているかを確認し、それをもってどのように戦略を決めるのか、という設問である。経営学的にはどの戦略を採用するのが最適であろうか。

Column #004

「のど渇いた」は危険信号

デートをしていると、急に女性が不機嫌になることがあるが、これには理由がある。男性が女性の「こうしてほしい！」という言葉を受け止めていないから、女性が不機嫌になっているのである。例えば、ショッピングの最中に女性が「のど渇いたー」と言ったとき。男性が「じゃあ、ジュースでも飲もうか」と缶ジュースを買うと、もうNG。女性は「喫茶店で休みたい」と言っているのだ。女性は男性とは違い、婉曲表現を多用する。「寒くない？」と聞かれた場合、「じゃあ、クーラー消すね」と答えれば正解。「寒くないよ」と答えるのは、不正解。デートの最中こそが婉曲表現が多用される場所なので、気をつけよう。

《A4》

→正解は②　理想が高すぎたのかもしれない。自分の好みを見直してみる　である。

　今回は、自分の置かれている状況が「女性がいるか／いないか」「自分の趣味・嗜好が広いか／狭いか」という切り口で分析してみよう。周りには女性がいる状況なのに好きなタイプに出会えないのは、自分の趣味・嗜好が狭すぎるからであるということがわかる。

① そのまま今の場所でもう少しがんばってみる。

　さまざまな女性との出会いができはじめたばかりなので、もう少しがんばってみるというのは、悪くはない選択肢である。しかし、異業種交流会や、コンパとなると、どうしてもお目当ての女性"華奢で少しおとなしい感じの女性"との接点は持ちにくくなると考えられる。おとなしい女性は、そもそも異業種交流会やコンパには参加しないことの方が多いからである。

【想定されるシチュエーション】
あなた：「好みの女の子との出会いがないなぁ」
男友達：「そりゃそうだろ。だってコンパに地味な女の子なんか来ないし、来たとしても話が盛り上がらないからシラけて終わりじゃん？」

あなた：「そっか。そりゃ、そうだよなぁ」

　自分好みの女性を探したいのであれば、その女性が「どこにいるのか」を考えるか、そもそもの自分の好みを見直す方がよい。

② 理想が高すぎたのかもしれない。自分の好みを見直してみる。

　これが正解である。好みというものは知らず知らずのうちに、どんどん狭まっていくものである。狭くなれば狭くなるほど、付き合いたいと思える女性が減ってしまう。いくら出会いの場が広がっても、好みがガッチリ固まってしまっていては、いつまでたっても理想を追い求める妄想に終わるだけだ。

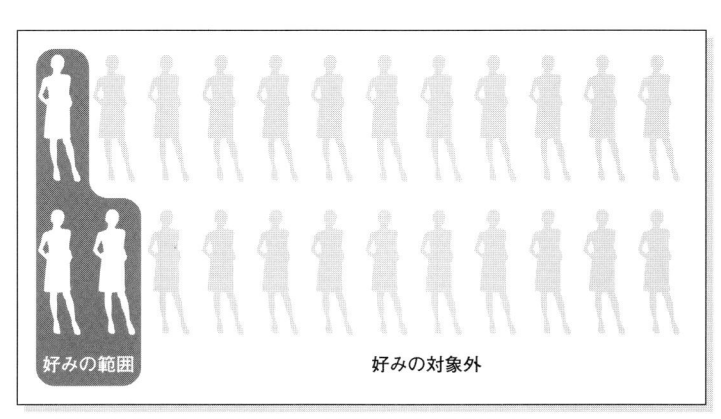

いくら周りに女性がいても、好みの範囲が狭いと恋愛対象の女性は減ってしまう。
まずは、自分の理想を引き下げなければならない。

【想定されるシチュエーション】
あなた：「俺、今まで華奢で少しおとなしい感じで、メガネっ娘で、20歳未満で、巨乳の美少女しか受け付けなかったけど、そんなのはもう卒業するよ！」
男友達：「……おまえに言うことはもう何もない。いや、別段おまえが間違ったことをしているわけじゃないので気にするな」
あなた：「これで彼女ができるかもな！」
男友達：「う、うむ。ほかにも条件があるだろうから、それも削れば、な」

自分で吊り上げた条件を消していけば、恋愛対象となるたくさんの女性が自分の周りにいることを認識できるはずである。

③ そもそも、女性を探しに行った場所が悪い。「**自分の好みの女性がいる場所**」を検討してから女性を探しに行く。

すでに、出会いの場は見つけているので、まずはこの出会いをしっかり利用する方が得策である。手当たり次第に出会いを増やしていっても、成果には結びつかない。

【想定されるシチュエーション】
あなた：「俺、理想が高いんだ。ここにいる女たちじゃ、恋愛できそうもない」
男友達：「そりゃ助かる。ライバルが減るしな。ところで、俺は友達だ

からあえて忠告しておいてやる。イイ女はつかまえるものではなく、作っていくものだ。付き合う中で女はイイ女になっていくんだぞ」
あなた：「ん？ つまり、ロリコンになって若い女を育て上げろ、と？」
男友達：「おまえには何を言ってもムダなようだな」

女性との付き合いを発展させるには、時間が必要である。まずは、すでに出会った人と付き合うことを考えられるか考えられないかを見極めることが必要なのである。

《経営戦略的解説》

出会いの市場は以下のように分類することが可能である。

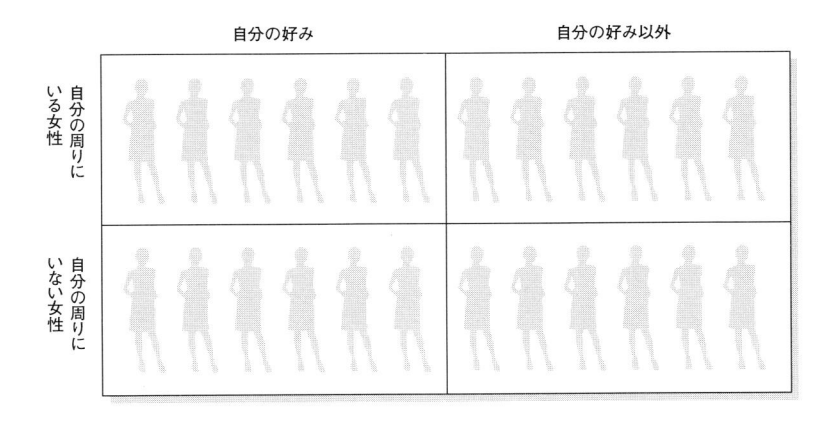

	自分の好み	自分の好み以外
自分の周りにいる女性		
自分の周りにいない女性		

自分の好み／好み以外、自分の周りにいる／周りにいない、という２つの軸で考えてみるとわかりやすい。出会いがないと言っている場合は、たいていの場合、「自分の好み」×「自分の周りにいる女性」の面積が狭いのである。ここをいかに広げるかが課題になってくるのだ。

　範囲の広げ方は３つある。
　１つは、**理想を下げる戦略**。

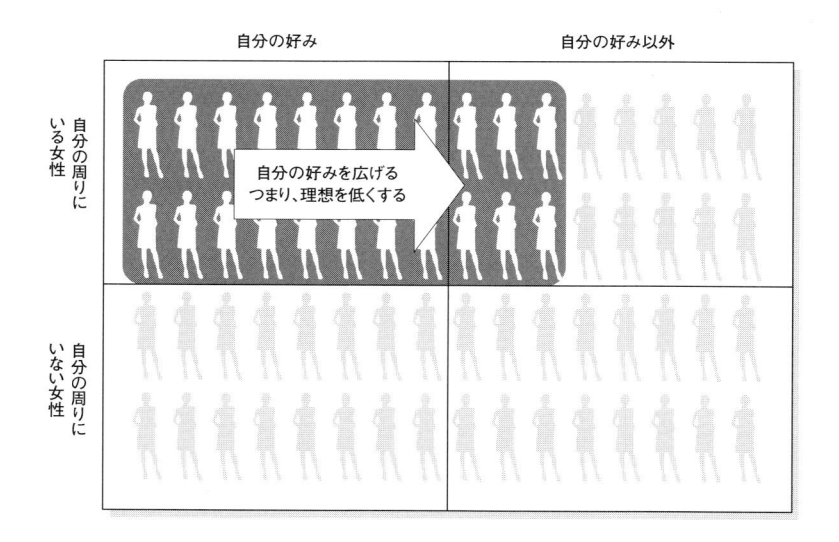

	自分の好み	自分の好み以外
自分の周りにいる女性	自分の好みを広げる つまり、理想を低くする →	
自分の周りにいない女性		

　自分の理想が低くなれば、それだけターゲットとなる女性は多くなる。図のように横に面積を広げる戦略である。

次に、**新しい場所に出会いを求める戦略**。

	自分の好み	自分の好み以外
自分の周りにいる女性	新しい場所に出会いを求める ↓	
自分の周りにいない女性		

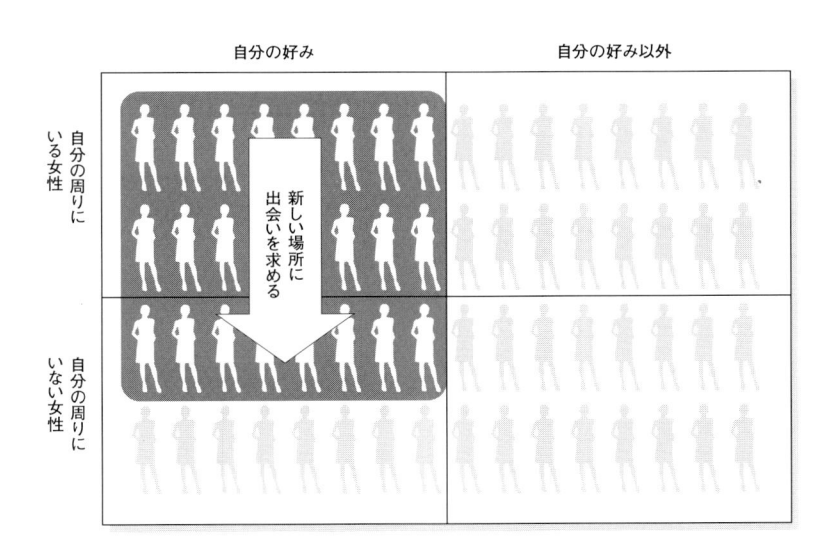

自分の好みの範囲が極端に狭くなければ、新しい場所に出会いを求めるのは有効な戦略である。「出会いがない」と言っている男性の多くが、面倒がってこの戦略を選択していない。だが、この戦略は確実に効果を生む。

そして最後に、**両方やる戦略**である。

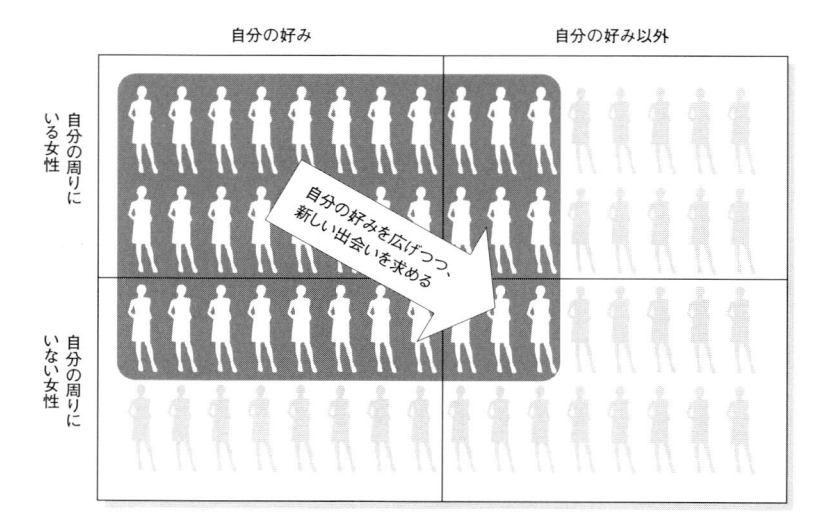

	自分の好み	自分の好み以外
自分の周りにいる女性		
自分の周りにいない女性		

自分の好みを広げつつ、新しい出会いを求める

　自分の好みを広げつつ、出会いを求めて新しい場所に参入していくと、一気にターゲットとなる女性（この場合、グレー部分の面積）が増える。

　自分が今どの状態なのか。「自分の趣味が狭すぎるのか」「本当に周りに女性がいないのか」「両方なのか」を意識し、どの戦略を選択するかを考えていく必要がある。

成長ベクトル

　企業も自社が成長を続けるためには、ターゲットを広げていく必要がある。今のターゲットに今の商品だけを売っていっても、その企業が大きくなることはできず、成長が止まってしまうからである。企業の成長が止まれば、従業員の給料を上げることはできないし、新たな従業員を雇うこともできない。企業が成長するには、ターゲットを増やしていく必要があるのだ。

	既存製品	新製品
既存市場	市場浸透戦略	新製品開発戦略
新しい市場	新市場開拓戦略	多角化戦略

　そこで、企業では「成長ベクトル」という考え方で、どの戦略を採用するかを考える。**今のままでとりあえずやっていこう**というのが、**市場浸透戦略**。これについては後ほど説明する。

　新しい市場に攻めていくことを**新市場開拓戦略**という。既存の製品を使っても市場を広げることが可能なのだ。
　例えば、女性向けエステ用品を男性向けとして売る。これだけで市場は一気に広がる。商品のパッケージに「男性向け」と書き、色をグレーやブラックのような男性に受け入れてもらいやすいものにする。男性向けの商品は、女性向けの商品と同じものを売っている会社は結構多い。

男性は「女性向け」と言われると「自分には関係ない」と思ってしまう。だから「これは男性向けだよ」と教えてもらえると、その商品は自分に関係があると感じる。そしてその男性が欲しいと思えば買ってもらえる。ターゲットを広げるだけで、市場は広がるのだ。

今の顧客に新しい商品を提供することを新製品開発戦略という。これが、まず初めにすると効果的な戦略だろう。他社もどんどん新しい商品を開発してくるので、どうしても新製品の開発が必要となってくる。スペックを上げたり、新しい機能を追加したり、まったく違うものを作ってみたりと、新製品開発には終わりがない。

新製品開発戦略の特徴は、既存の商品が既存の顧客に受け入れられている場合、新しい商品も信用して買ってもらえることである。

そして、最後が**多角化戦略**である。これは、**新市場開拓戦略と新製品開発戦略を同時に行う戦略**である。これまでは、全く新しい事業をすることによって企業の性格が変わり、その企業が新たな成長過程に入ったり、既存事業が衰退してダメになっていた。しかし、多角化によって新しい市場が開ける可能性が期待できる戦略である。

ただし、新市場、新製品といった経験のない分野で戦うのでリスクは大きい。

さて、市場浸透戦略がなぜ存在するのかをここで説明していこう。まだ、あまり商品が売れていない。このような状態であっても市場浸透戦略を選択した方がよい場合が多い。商品が市場に出回ってから、順番に発展し、衰退していくまでには、以下のようなサイクルがある。

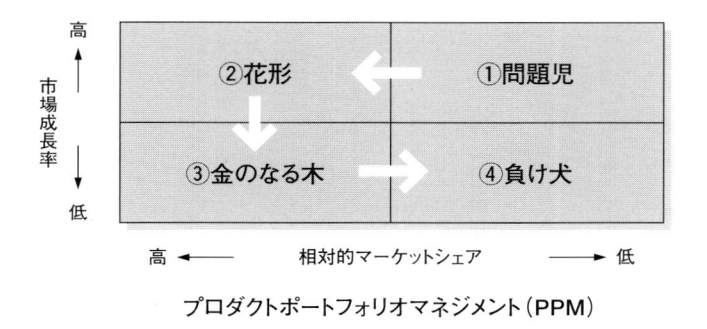

```
            高
            ↑
        ┌─────────┬─────────┐
        │         │         │
  市場   │  ②花形  ←  ①問題児 │
  成長   │    ↓    │         │
  率    ├─────────┼─────────┤
        │         │         │
        │③金のなる木 → ④負け犬 │
        │         │         │
        └─────────┴─────────┘
            低
        高 ←── 相対的マーケットシェア ──→ 低
```

プロダクトポートフォリオマネジメント(PPM)

　製品を投入した最初のうちは、参入した市場の成長率は高いが、マーケットシェアは低い。そこで、製品を売り込んでマーケットシェアを上げていく。そうすると、市場の成長率も高く、自社の製品のシェアも高い状況になる。

　しかし、そのうち市場の成長はストップする。しかし、市場が成長しきって「大きな市場」となっている上に、シェアも高い状態なので、企業は多大な利益を上げることができる。

　最後には、他社の製品が投入されるなどして、シェアが減退し、自社製品が売れなくなっていく。このように、市場のベクトルに応じた販売戦略を採る手法をプロダクトポートフォリオマネジメント(PPM)という。

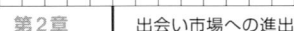

市場成長率が高く、シェアが低い状態、つまり問題児状態のときには、市場浸透戦略を選択するとよい。まだ、開拓しきっていない市場では、まだまだやるべきことが残されている。シェアも伸びるし、市場自体が成長していく可能性があるからだ。
　外にばかり目を向けるのではなく、地道な活動をするという選択をすることも一つの戦略なのである。

攻める・広げる・時間をかける

　恋人との出会いにおいても、この成長ベクトルに応じたPPMが効果的に使用できる。恋愛においては一つの定石がある。出会いがなければ何も始まらない。
　まず最初に、「新市場開拓戦略」を選択する。つまり、**出会いを求めて自らが動く**。次に、「新製品開発戦略」を選択する。恋愛においては、**自分の理想を下げることである**。この人もOK、あの人もOKと、自分の恋愛対象を広げて考える。

　女性から見ていい女だが、男性から見て「いまいち……」というような女性も多い。しかし、そういう女性にこそ目を向けると、実は素晴らしい人であったりする。視野を広げることにより、対象が広がるのである。

　そして、最後に「**市場浸透戦略**」を実行する。まずは、出会った人といろいろと出歩いてみよう。**選り好みをせず行動を共にすることで**、それぞれの

女性のよい点が少しずつ見えてくる。コンパのような一見さん的な出会いでは、たいてい自分をさらけ出せずに面白い会話もないまま終わってしまう。何度も会うことで、お互いのよい点を引き出していくのだ。そして、その中の1人と最終的に付き合えれば万々歳である。

　もし、ダメだった場合、あるいは、その市場が使えなくなった場合には、再度新たな市場を開拓することから始める。なぜなら、市場浸透戦略の終了時には「負け犬」になってしまうのだから。

応用問題

　嗜好・市場マトリクスのそれぞれの戦略名を書き込むこと。また、その戦略で実際にとりうる行動内容を記述すること。
（例：市場浸透戦略→毎日、出会う女性に挨拶をすることを義務づける　など）

Chapter 05

未踏のパラダイスを発見する

ブルーオーシャン戦略

　ライバルとの競争は相手も自分も消耗する。それでも勝てればよいが負ければ得るものはない。勝ち負けにこだわらず、ライバルが存在しない場所を見つけることができれば、そこにはパラダイスが待っている。この"自分だけの楽園"を発見し、そこへ進出するのが、ブルーオーシャン戦略である。

《Q5》

　あなたはもうすぐ25歳になる。理想が高いせいか、勇気がないせいか、今までに一度も彼女ができたことがない。あなたは、以下のようなシチュエーションに陥っている。

　もう、手遅れなのか……。25年間、俺には彼女がいない。就職して、忙しくなり、諦めてしまって3年。しかし、今、気づいた。今ならまだ間に合うかもしれない。ラストチャンスだ。

　三十路の前に、1回でいい。誰かと付き合いたい。しかし、大きな妥協はしたくない。カウントダウンが迫ってきている。

　あと5年のうちに彼女を作る。25年彼女がいなかった人間が、5年以内に彼女を作るのは至難の業だろう。それでも、俺は最後の望みをこの5年にかけたいのだ。

さて、この物語の主人公になった「俺（つまり、あなた）」なら、いったいどういう女性を探すだろうか。

> ① いまさら、好みも何もあったものではない。女だったら誰でもいい、顔も性格も何でも来い！
> ② まだ諦めるのは早い。そこそこ可愛くて、性格も悪くなさそうな女性を探す。
> ③ 顔は普通程度、性格はいまいちな女性を探す。

次ページからは、選んだ戦略がどのような効果をもたらすのか、それによって本当に彼女にしたい女性が現れ、付き合うことができるのか、経営学的観点から見ていくことにしよう。

Column #005

「こうしたらいいんじゃないかな」は危険なセリフ

「ね」　ええねえ、相談があるんだけど…」と女性から相談を受けたとき。男性は「じゃあ、こうしたらいいんじゃないかな」と答えてしまい、女性が不機嫌になる。よくある失敗事例の一つだ。女性から「相談」を受ける場合には、「まず、話をじっくり聞くべき」というルールがある。女性は話しながら考えをまとめていく。話をすべて出し切ってから、結論を考えるのである。だから、話をしている最中に「アドバイス」をするのは女性に対して失礼に当たる。

《A5》

→正解は③ 顔は普通程度、性格はいまいちな女性を探す である。

　今回の戦略オプションの中で、一番妥当なのがこの「**顔は普通程度、性格はいまいちな女性を探す**」という選択肢である。「性格がダメならもうダメだろう」と普通は考えることになるが、実はそうではない。誰もが選ばないからこそ、そこを攻めることに意味があるのだ。それぞれのオプションを選択した場合に想定される状況について解説しよう。

① いまさら、好みも何もあったものではない。女だったら誰でもいい、顔も性格も何でも来い！

　これも悪くはない選択である。今までは、こんな彼女が欲しいという理想があったからこそ失敗している。だからこそ、失敗要因である理想を捨ててしまう。もしかすると、彼女ができるかもしれない。

【想定されるシチュエーション】
あなた：（もう、選り好みはやめたぞ！　誰にでも声をかけるぜ！
　　　　おっ、あんなところに残業しているサナエさん〈光浦靖子似の
　　　　23歳〉がいる）
　　　　「いつも遅くまで仕事をしているんだね」
サナエ：「そうなんですよー。みんな、ためた書類を月末に一気に提出

するので迷惑してます」
あなた：「そっか、みんなに代わって謝るよ。ごめんな。みんなに言っておくよ。上手くいったら、バレンタインのチョコよろしくね」
サナエ：「は、はい！（あ、この人、私に気があるのかも。そういうのに慣れてないからうれしい……）」

悪い選択肢ではない。が、あなたは果たしてそれで満足できるのだろうか。

②まだ諦めるのは早い。そこそこ可愛くて、性格も悪くなさそうな女性を探す。

正直言って、無理がある。そこそこ可愛くて、性格も悪くなさそうな女性には、ほとんど彼氏がいる。彼氏がいないにしても、そういった女性は男性に対して多くを望んでいるものだ。

【想定されるシチュエーション】
あなた：（俺は最後まで諦めない！　ここまできたら、最後まで理想を追いかけてやる！！）
　　　　……前から、ケイコさん、マミさん、ユカリさんが歩いてくる。彼女たちはそこそこ可愛くて、性格もよい。
あなた：「こんにちは〜」
3人：「こんにちは〜」
あなた：（ううっ、考えてみたら、全員彼氏がいるじゃないか。そりゃ

そうだ。いい女を手放そうとする男なんていない、よな……)

この選択肢を選んでも、今までの失敗を繰り返すだけだろう。

③ 顔は普通程度、性格はいまいちな女性を探す。

一番よいのがこの選択肢だ。大半の男は「美人や可愛い人ならともかく、そうでなければ性格が悪い人はNGだ」と考えている。意外に性格重視なのである。だからこそ「性格がキツそうな女性」とか「ちょっと暗そうな女性」と男性に思われれば、たいていの男性はその女性に近づかないようになる。しかし、チャンスはそこにこそ眠っているのだ。

【想定されるシチュエーション】
あなた ： （あ、あんなところにマナミさんがいる。マユミさんって、いつ話しかけてもぶっきらぼうなんだよな）
「マナミさん、こんばんは」
マナミ ： 「こんばんは」
あなた ： 「いつも、俺らのためにいろいろやってくれてありがとう。実はすっごく感謝してるんですよ」
マナミ ： 「べ、べつにあなたたちのためにやってるわけじゃないんですけどね」
あなた ： 「そりゃそうかも。（ここでもう一回押す！）でも感謝してるのは本当ですよ」

マナミ：(あ、もしかして、この人、とってもいい人かも……)

「性格」というものは、神聖不可侵なものと思われていることが多い。だから、性格が悪そうだと感じただけで、美人でもない限り、男性はそこに攻め入るのを躊躇する。しかし、性格は見方によって簡単に変わるものだし、性格が変わっていくことも多い。

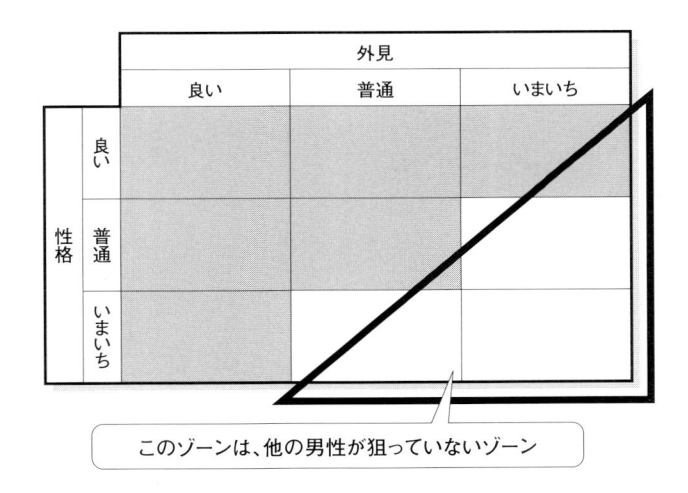

	外見		
性格	良い	普通	いまいち
良い			
普通			
いまいち			

このゾーンは、他の男性が狙っていないゾーン

実は、モテない女性は卑屈になりがち。何かプレゼントしたり、ご飯を奢っても「すみません」と答えたり、「私も払います」と言って守りに入ろうとする。モテない女性は「私なんかに……」と常に思っているものだ。

この卑屈さが「性格がよくない」と勘違いさせる原因になっている場合が

多い。性格がよい／悪いというのは、男性から一方的に女性を見たときの視点である。言い方を換えると、男性から見て性格が悪そうなら、誰も近寄らない。しかし、卑屈なところさえ乗り越えれば、実は性格がよい女性というのはいくらでもいる。

こういう「男性から見て、それほど性格がよくない」女性をターゲットにし、その女性を卑屈なところから救い出せば、理想を完全に捨てずに彼女を獲得できる可能性が広がるのだ。

《経営戦略的解説》

今から女性を探そうとする場合、どういう女性を探せばよいのかを考えることになるだろう。そのとき、理想を求めすぎると、自分のレベルに釣り合わない女性しかいなくなる。逆に理想を完全に捨ててしまうと、付き合うことの意味がなくなってしまう。どちらの方法にも問題がある。

一般的には、ここで「妥協」という選択をすることになるのだが、実はあと１つ考えるべきことが残されている。それは「新しい可能性を発見できないか」という自分自身への問いかけである。

誰もが狙っていない場所だからこそ、おいしい市場がそこには存在する。攻めるべきは、そういったおいしい場所なのである。

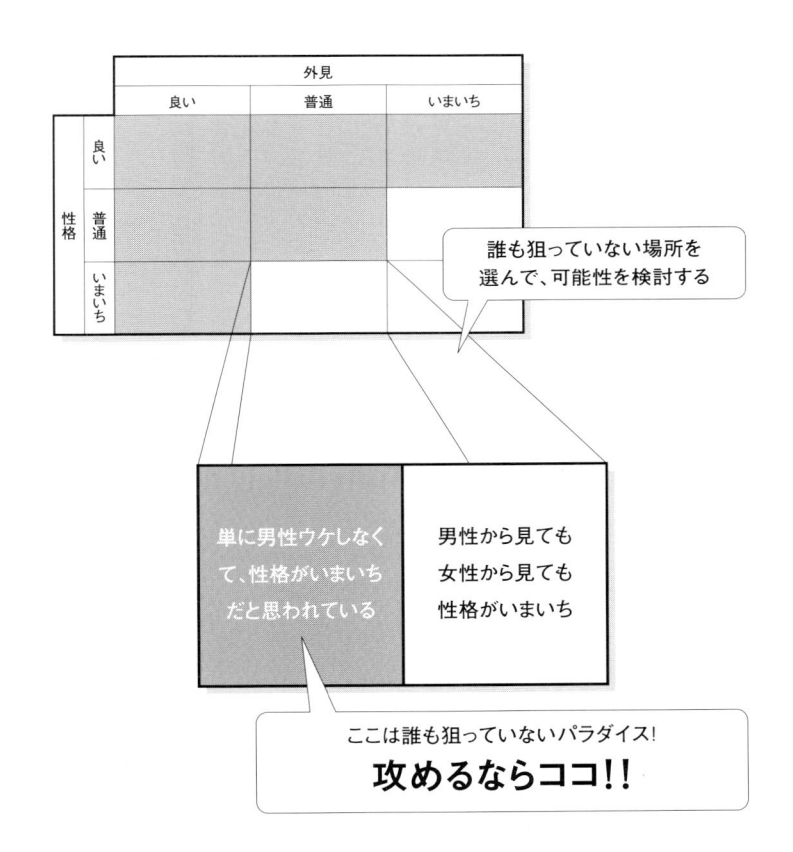

	外見		
	良い	普通	いまいち
性格 良い			
性格 普通			
性格 いまいち			

誰も狙っていない場所を選んで、可能性を検討する

| 単に男性ウケしなくて、性格がいまいちだと思われている | 男性から見ても女性から見ても性格がいまいち |

ここは誰も狙っていないパラダイス!
攻めるならココ!!

ニンテンドーDSとPSP

　ゲーム業界で１つのイノベーション（革新）が起こった。ポータブルゲーム機のニンテンドーDSが、発売14カ月で600万台を売り上げたのは記憶

に新しい。ちなみに、プレイステーション2は600万台売り上げるのに21カ月も費やしている。

従来のゲーム機市場では、ソニー陣営のプレイステーションシリーズが強者の立場であった。ニンテンドーDSが、プレイステーションシリーズに打ち勝ったのは、**ブルーオーシャン戦略**を採ったからである。

ブルーオーシャン戦略とは、競争とは関係のない未開拓の市場（ブルーオーシャン）を創造する戦略である。

もともと、ゲーム機市場は以下のように設定されていた。

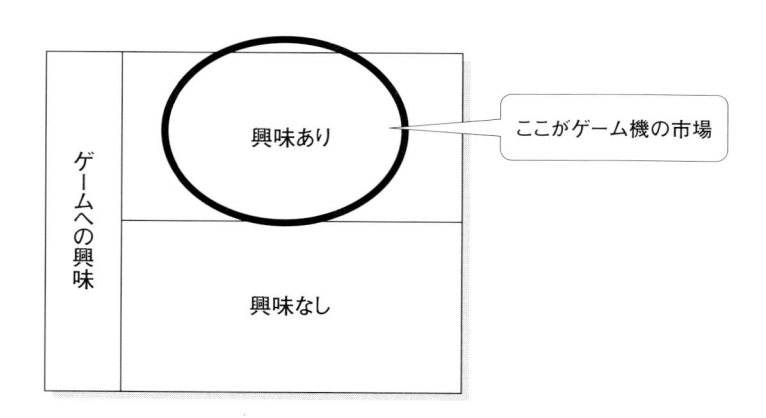

```
┌─────────────────────┐
│ゲ  │   興味あり  ← ここがゲーム機の市場
│ー  │
│ム  ├─────────────┤
│へ  │
│の  │   興味なし
│興  │
│味  │
└─────────────────────┘
```

ゲームだから当然、ゲームに興味のない人間は購入しない。普通に考えれば、それが正論である。そして、その「普通」の中で血みどろの戦いがされていた（血みどろの市場のことを「レッドオーシャン」と呼ぶ）。

1995年前後の次世代ゲーム機戦争を思い出してもらいたい。

「セガサターン」「プレイステーション」が同じ市場、つまりゲームに興味のある人を対象として、シェアの争いをしていた。結果的には、ソニーグループという資本力を有するプレイステーションの勝ちとなった。

しかし、その内容はまさに血みどろの戦いであった。プレイステーションの本体も最初は3万9800円だったのが、最終的には1万9800円にまで値下げして戦っていたのである。

任天堂もNINTENDO64というハードで対抗したが、プレイステーションに大きく差をつけられる結果となった。

話はニンテンドーDSに戻る。任天堂は次世代ゲーム機の失敗を繰り返さないよう、ソニーとは同じ戦場で戦わないことを選んだ。ゲームに興味のない層をターゲットに組み入れたのである。

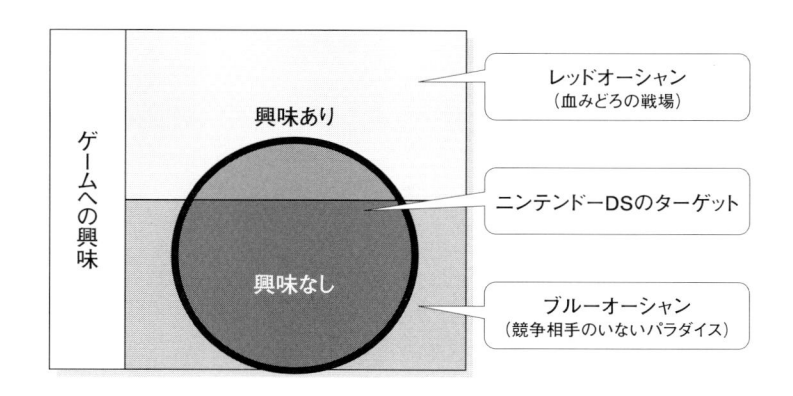

そして、ゲーム機という本質は変えずに、「ゲーム機で脳のトレーニングができる」とか「英語のトレーニングができる」という新しい商品を作った。これに、ゲームに興味のない人間が飛びついたのである。
　ニンテンドーDSは一気に売れていった。半年以上もの間在庫が足りなくなるほど、ものすごいペースで売れに売れたのである。

　プレイステーション陣営のPSPは、従来のゲームユーザーをターゲットとしていた。従来のユーザーはPSPとニンテンドーDSの中から商品を選ぶ。これだけでは、任天堂は負けていたであろう。
　しかし、ゲームに興味のない層までをターゲットにした任天堂は強烈な勝利を収めた。この勝利の裏側には、「みんなが見向きもしないところを狙う」という発想があった。
　本当においしいところは、普通に考えたときに「ここはダメだろう」と誰もが思う場所に存在するのである。

見向きもしない恋愛市場

　恋愛においてのレッドオーシャンとブルーオーシャンを男性視点で再確認してみよう。

　男性視点で見てみると、このように（右頁上図）レッドオーシャンとブルーオーシャンに分かれる。

レッドオーシャンでは熾烈な争いが起きている。男性の誰もが、このゾーンから彼女を獲得したいと思って積極的に行動しているのである。

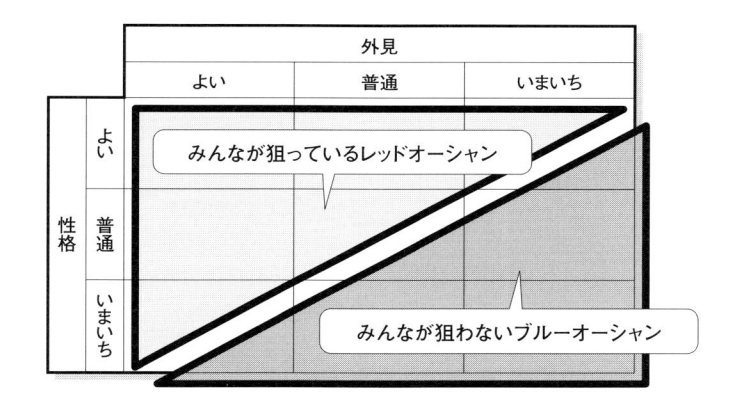

	外見		
	よい	普通	いまいち
性格 よい	みんなが狙っているレッドオーシャン		
性格 普通			
性格 いまいち			みんなが狙わないブルーオーシャン

ブルーオーシャンに入っている女性に対して、多くの男性は目を向けない。ここなら、ライバルがいないので負けることはない。そして、このブルーオーシャンの中でも、自分の希望を反映しているゾーンを探していけばよい。

そうすると、一つの可能性が見えてくる。性格については、男性から見た「性格がよい」「性格がいまいち」という基準であることがわかる。「ブリッコ」は、女性からすると「性格が悪い」に入ることが多いが、男性からすると「性格がよい」のゾーンに入ることが多い。

	外見		
	よい	普通	いまいち
性格 よい			
性格 普通			
性格 いまいち			

> 外見は簡単には変わらないが、性格は見方によってはよくも悪くもなる

↓

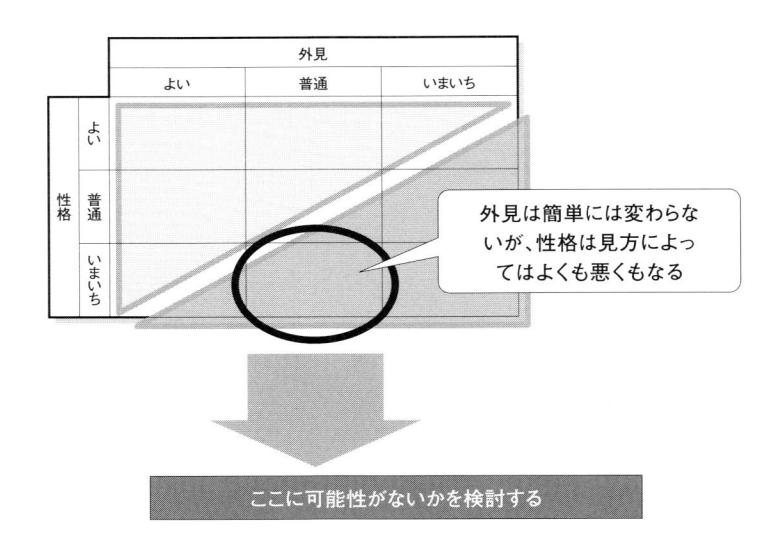

ここに可能性がないかを検討する

　この発想を逆転させて、ブリッコとは正反対の女性に目をつければ、性格がよいのに男性からは注目されていない、という可能性に気づくことができるのである。

　そして、図のような仮説を立てることができる。

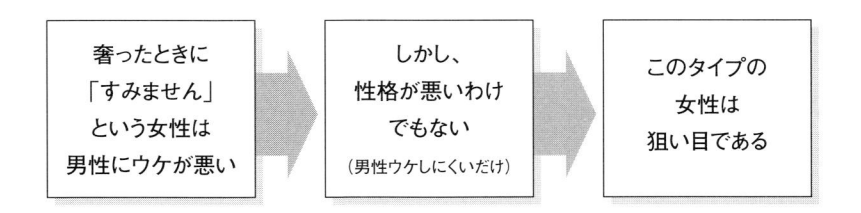

| 奢ったときに「すみません」という女性は**男性にウケが悪い** | → | しかし、性格が悪いわけでもない（男性ウケしにくいだけ） | → | このタイプの女性は狙い目である |

顔はそこそこで、実は性格もよい（男性ウケが少し悪いだけ）。こんなところに、とてもおいしいブルーオーシャンがあったのである。

そして、ブルーオーシャンを発見した後には対策を練る。今まで男性が近寄らなかった理由を考え、それを乗り越えるのだ。今回のブルーオーシャン女性は、「ありがとう」と言うよりも「すみません」とすぐに謝ってしまうタイプの女性である。

「どうせ私なんか……」と自分に自信がないがゆえに、素直にうれしいと表現できないタイプの女性だ。私に興味を持っているフリをしているけれど、ぬか喜びだったらイヤだから防衛線を張っておこう。褒められても信じない。こう考えているのだ。

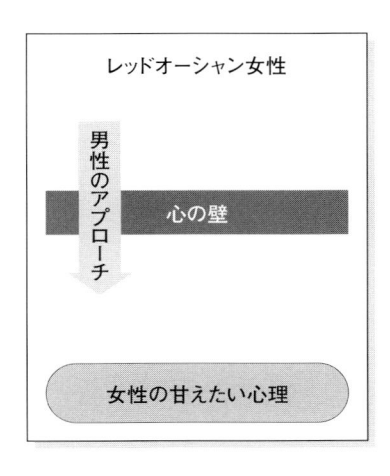

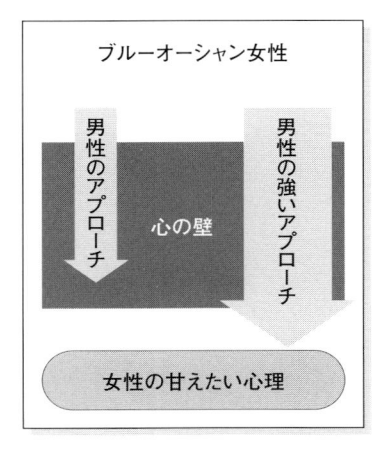

レッドオーシャン女性	ブルーオーシャン女性
男性のアプローチ → 心の壁 → 女性の甘えたい心理	男性のアプローチ・男性の強いアプローチ → 心の壁 → 女性の甘えたい心理

多くの男性は、奢っても「すみません」と謝られ、誉めて喜んでもらえない反応を見て、諦めてしまう。だから、彼女はブルーオーシャンになった。

これを乗り越えるのは簡単である。くじけずに、何度も誘って、何度も褒めて、信じてもらうだけである。誘われ続けているうちに、誘われた女性は「本当に喜んでも大丈夫かもしれない」と感じていく。

ブルーオーシャンの女性は自分を守るために心の壁を厚くしているだけなのだ。何度も何度も、強いアプローチをすれば、そのうち信じてくれるようになり、アプローチが心の壁を通過するようになる。

他の人よりも誘うのに時間がかかるが、根は可愛い。甘えたいけれども甘えるのが苦手、しかも謙虚。恋愛は苦手だけれど、がんばり屋さん、という最高の女性がここにいるのだ。

応用問題

今、自分の周りにいる女性の中で「ブルーオーシャン」に該当する女性は誰か。具体的な名前を3人以上列挙せよ。

How to be a High-Flier in Business and a Magnet for Women

第3章：ライバルに勝つ戦略

03

Chapter 06

自分の戦うべきフィールドを決定する

ポジショニングマップ

　まともに戦ったら確実に負ける相手であっても、自分のフィールドに持ち込むことさえできれば勝つことができる。勝てるフィールドを見つけるためのツールが、ポジショニングマップである。

《Q6》

　今、あなたはコンパに来ている。参加メンバーは男性4人、女性4人の計8人。相手の女性メンバーは全員かなりイケている。グラビアアイドル顔負けのナイスボディのアキさんに、すらっとして背が高く美人のヒトミさん。大きな目が印象的なお嬢様風のユウコさん、知的でクールなキャリアウーマンのリョウコさん。

　あなたは、お嬢様風のユウコさんに一目惚れしてしまった。ユウコさんに好印象を与えるためにも、今日の合コンでの失敗は許されない。

　ちなみに男のメンツは以下の通りである。

橋本（東大卒の弁護士。エリート気取り）

和田（体育会系の営業マン。ノリはよい）

糸井（ちょっと内気なコンピュータ会社勤務のプログラマー。クール系）

あなた（外資系証券会社勤務）

ちなみに、ルックスは皆同レベルの十人並み程度である。<u>これはせめてもの救いである</u>※1。

　合コン開始から15分。ざっと周囲を見回してみると……。どうやら、橋本と和田もあなたと同じユウコさんを狙っているようである。橋本はしっかり隣の席をキープして二人の世界に入ろうとしているし、和田も周囲を盛り上げつつ、ユウコさんにちょっかいを出している。

　さて、このような状況において、あなたが他の男性を出し抜きユウコさんに好印象を与えるためには、このコンパで自分のどの部分をアピールすればよいのだろうか。次の3つの戦略の中から、選択せよ。

> ① 会社での仕事ぶりを伝え、デキる男であるということをアピール。
> ② 今はサラリーマンだが、将来は小説家を目指しており、芸術家肌であることをアピール。
> ③ 飲み物の注文を聞いたり、会話に参加していない女性に話題を振ったりと、気の利く人間であることをアピール。

　次ページからは、どの戦略が正しいのか、本当に彼女がゲットできるのか、経営学的観点から分析を行う。

※1：イケメンがいないのがせめてもの救い
ありとあらゆる戦略を尽くしたとしても、相手の女性が男性のビジュアルに強烈なこだわりがある場合には、勝利は困難になることもあるから要注意だ

《A6》

→ **正解は③** 飲み物の注文を聞いたり、会話に参加していない女性に話題を振ったりと、気の利く人間であることをアピール　である。

　今回の状況において、一番妥当なのがこの「気の利く人間であることをアピールする」という選択肢である。このオプションを選択することで、他のメンバーとは違った強みを見せることができるのである。それぞれのオプションを選択した場合に想定される状況について解説しよう。

① 会社での仕事ぶりを伝え、デキる男であるということをアピール。

　この戦略オプション（戦略の選択肢）を選んだ場合の最大の敵は「東大卒弁護士」の橋本だろう。同じ土俵で、エリートのライバルと戦って勝てるのかどうかを検討する必要がある。

【想定されるシチュエーション】
　あなた：「俺、今外資系の証券会社でトレーディングの仕事してるんだ」
　ユウコ：「へぇ、○○さんてすごいんですね。ところで、橋本さんはどんなお仕事をされているんですか？」
　橋本：「私は弁護士やってるんですよ。仕事が忙しくてなかなか女性と知り合うきっかけがなくてね……」

ユウコ：「もっとお話聞かせてください！」（急に声色が変わる）

　検討の結果、橋本に勝てそうもないと考えられるのであれば、この戦略オプションを選択することは「失敗」となる。今回のように「仕事や出身校」を強みとする場合、橋本（弁護士）と戦う必要が出てくる。「仕事や出身校」という点で橋本とあなたを比べたとき、女性からは以下のような判定をされることになる。
- **橋本の方がステータスのある仕事をしている。**
- **出身校は橋本の方が勝っている。**

　ということは、橋本と仕事や出身校で争うことは賢明ではない。エリート路線を選択した場合には、橋本に勝てないという結論が導き出せる。

② 今はサラリーマンだが、将来は小説家を目指しており、芸術家肌であることをアピール。

　この戦略オプションは、一か八かを狙う戦略である。上手くいけば、大ヒット。しかし失敗する可能性は極めて高い。

【想定されるシチュエーションA】
　あなた：「俺、今は証券マンやっているけど、将来は脱サラして小説家
　　　　　　になろうと思ってるんだよね」
　ユウコ：「わぁ、カッコいい〜。それじゃ、小説家になったら私も本の
　　　　　　中に登場させてくださいね」

このように相手が乗ってきてくれればよいが、失敗したら、挽回できない。

　【想定されるシチュエーションＢ】
　　あなた：「俺、将来脱サラして小説家になろうと思ってるんだよね」
　　ユウコ：「へ～。そうなんだぁ。すごいねー」（現実が見えないサムイや
　　　　　　つ……）

　これは一発逆転を狙う戦略ともいえる。したがって、周りの男性が自分よりはるかにもイケメンだった場合や、自分の何をアピールしても周囲の人間の方が長けていると感じる場合にはこの選択肢を採るしかないだろう。

③ 飲み物の注文を聞いたり、会話に参加していない女性に話題を振ったりと、気の利く人間であることをアピール。

　今回の戦略オプションの中で、一番妥当なのがこの「気の利く人間であることをアピールする」という選択肢である。というのも、「仕事や出身校」「運動」といった点で戦ってもほかのメンバーに負けてしまうが、性格面の「気が利くこと」であれば対抗するメンバーがいない。自分に有利な切り口を見つけることで完全に勝利を収めることができるのである。

　【想定されるシチュエーション】
　　あなた：「あ。ユウコさん、グラス空いてるね。おかわり何飲む？　店
　　　　　　員さ～ん！」

ユウコ：「ありがとう」（この人、すごく気が利く！）
　　　……リョウコさんが会話についていっていないのを見つける。
　　　あなた：「ところで、君らはいつも何して遊んでるの？」（などと女性
　　　　　　　全員と話す）」
　　　女性一同：（この人といると楽しい！）

　エリート面や、スポーツ面といった普通に戦っても勝てない部分ではなく、自分の勝てる分野に勝負を持ち込むことで、戦いを有利に運ぶことができるのである。

・ 同じ土俵で戦う相手がいる場合には、勝てるかどうかを検討する。
・ 勝てるのなら、その土俵で戦う。
・ 負けそうなら、土俵そのものを変えてしまう。

　これが勝つための戦略である。

《経営戦略的解説》

　今回の戦場（コンパ）での敵の候補は3人。敵候補の中でも、完全に敵となるのが2名（同じターゲットを狙っている2人：橋本＆和田）。この2名よりも、ターゲットの女性に好まれることが、ミッションを成功に導くための大前提となる。

第3章　ライバルに勝つ戦略

　任務達成のために、まず戦場を決める必要がある。この戦場を自分が有利になるよう設定することによって、自分の勝利の可能性が高くなる。再度、今回の状況を整理してみよう。

　ライバルは3人おり、それぞれが特徴を持っていた。
橋本
　　・超有名大卒
　　・社会的ステータスが高い仕事
和田
　　・スポーツができる
　　・ノリがよい
糸井
　　・クール系の人間
　　・最先端の仕事

そして自分の特徴を再度見返してみると
　　・まあまあな大学
　　・まあまあな社会的ステータス
　である。

　ユウコさんを狙おうとすると、今持っている自分の特徴を生かしても橋本とバッティングしてしまい、勝つことができない。スポーツの面でも、和田に負けてしまう。自分が有利に戦える戦場が作り出せない状態にあるのだ。

そこで、勝てる戦場はどこにあるかと考える。

「気が利く」という戦場には誰も進出していない。この戦場なら勝てる可能性があると考えるのだ。自分の得意分野で戦っても勝てないのであれば、自分がそこそこ得意としている分野で勝てないか、範囲を広げて考える必要がある。相手の苦手分野をついて戦えば、得意な分野でなくても勝てる可能性が高くなるのである。

では、どの戦場を選べばよいのか？　戦場を選ぶために作成するのが、ポジショニングマップである。ポジショニングマップを作成するには、2つの軸を取って自分のポジションを書くことから始める。

マーケティングに使われるポジショニングマップ

企業ではマーケティングツールとして、ポジショニングマップを使うことが多い。ポジショニングマップとは、自社の商品やサービスと他社の商品やサービスをさまざまな切り口によってマッピングしたものである。

例えば、スターバックスコーヒーが日本に出店したときのことを考えてみよう。

スターバックスが日本に進出する前のコーヒー・喫茶市場のポジショニングは次のような状態であった。

第3章　ライバルに勝つ戦略

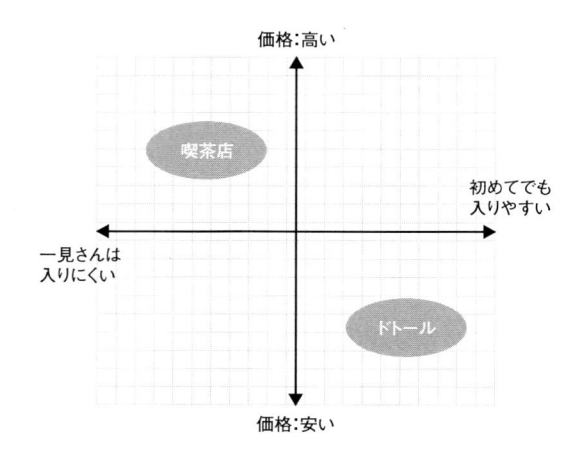

[図：価格：高い／安い、一見さんは入りにくい／初めてでも入りやすい の2軸上に「喫茶店」「ドトール」をプロット]

　ここで、スターバックスが出店したらどうなるかを検討する。この軸にスターバックスが参入したときのポジションを記入してみよう。

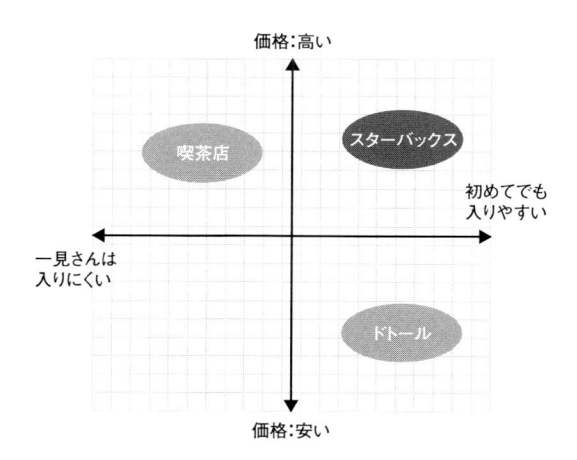

[図：同じ2軸上に「喫茶店」「スターバックス」「ドトール」をプロット]

ポジショニングマップ | Chapter 06

　ここで見た限り、ドトールの方が優位である。入りやすい雰囲気は同じだが、価格はドトールの方が安いからである。それでは、スターバックスはどうしたらよいか？　ここで戦略が必要となる。
　ポジショニングマップに戦略を書き足すと、以下のようになる。

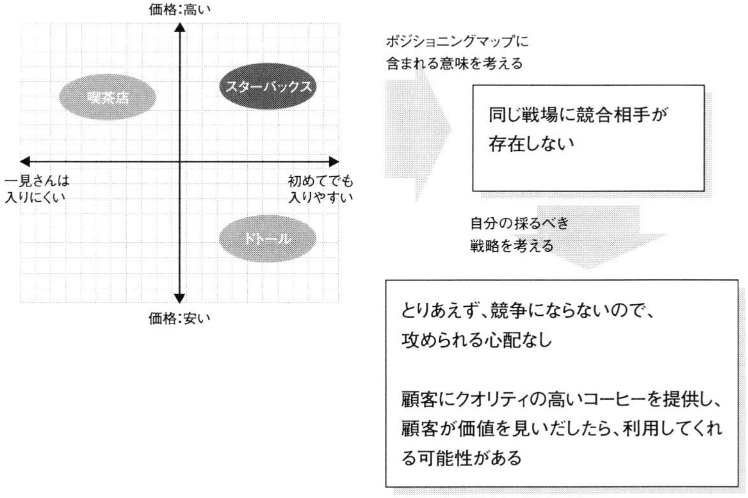

価格:高い
喫茶店　　スターバックス
一見さんは入りにくい　　初めてでも入りやすい
　　　　　　ドトール
価格:安い

ポジショニングマップに含まれる意味を考える
→ 同じ戦場に競合相手が存在しない

自分の採るべき戦略を考える
→ とりあえず、競争にならないので、攻められる心配なし

顧客にクオリティの高いコーヒーを提供し、顧客が価値を見いだしたら、利用してくれる可能性がある

　スターバックスが新規で出店しても、競合相手は当面いないように見える。コーヒーのクオリティを上げることで価格の高さを顧客に理解してもらえれば、顧客がスターバックスを利用してくれる可能性が高まるのだ。

　しかし、本当にハイクオリティなコーヒーであれば問題ないのだろうか。これを再度ポジショニングマップで確認する。

```
                    コーヒーのクオリティ:高い
                              ↑
              │
      喫茶店  │   スターバックス
              │
  ←───────────┼───────────→
  一見さんは  │      ドトール
  入りにくい  │
              │   初めてでも
              │   入りやすい
              ↓
        コーヒーのクオリティ:低い
```

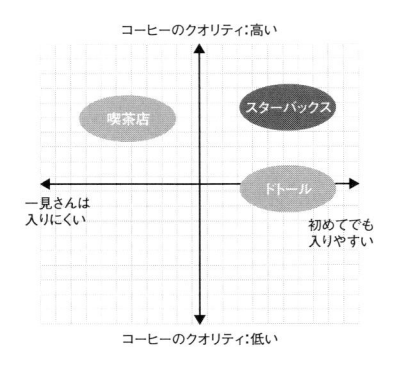

ポジショニングマップに
含まれる意味を考える

> スターバックスができたとして、競合する相手は同じ戦場にいない

自分の採るべき
戦略を考える

> 戦場は重複していないことが確認できた
>
> 顧客がオープンな（初めてでも入りやすい）店で、ハイクオリティなコーヒーを求めていれば、競合相手と戦わずに、市場参入することができる

　こうして確認した結果、スターバックスは日本で出店してもよさそうだということがわかる。実際はこれほど簡単な考え方をするわけではないが、企業では大まかにこのような判断がなされている。

コンパにおけるポジショニングマップ

　では、同様に今回の合コンの場合、どの戦場を選べばベストなのか考えてみることにしよう。
　まず、ポジショニングマップを作成する。ポジショニングマップを作成するには、右ページの図のように2つの軸を取って自分のポジションを書くことから始める。

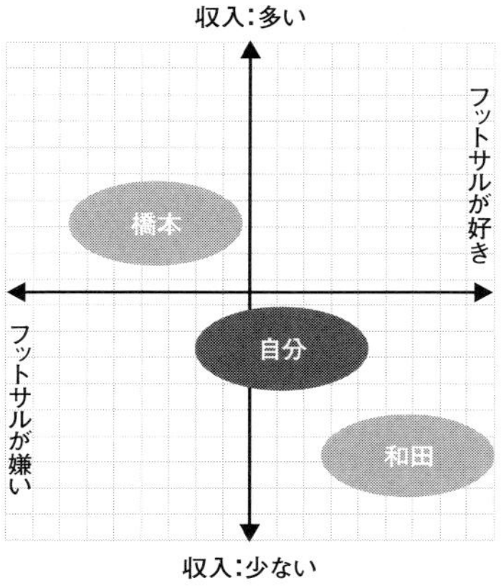
収入：多い
フットサルが好き
橋本
フットサルが嫌い
自分
和田
収入：少ない

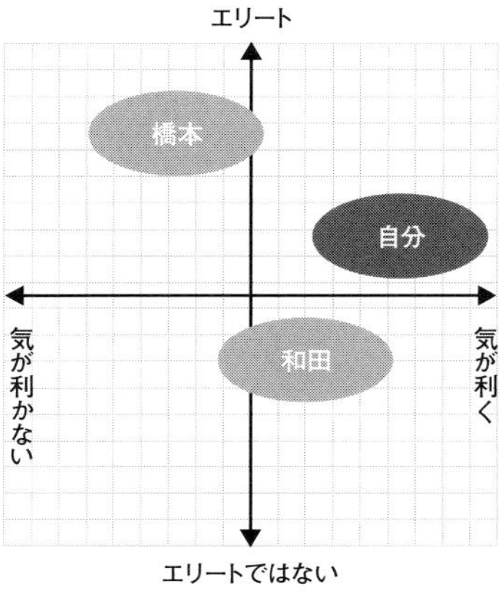
エリート
橋本
自分
気が利かない
和田
気が利く
エリートではない

このようなポジショニングマップを複数作成し、使えそうなものを選択する。使えるポジショニングマップの条件は、ターゲットにとって必要な軸になっていることである。

例えば「フットサルが好き」という軸を作ったとしても、狙っている女性がフットサルに興味がなければ全く意味をなさない。逆に、狙っている女性がフットサルに興味がある場合、フットサルが好きという軸は有効な強みとなる。その軸、その軸に関して相対的に優位に立てるかどうかを確認する。これが、使えるポジショニングマップを作成する決め手なのである。

そして、使えるポジショニングマップから、戦略を策定する。

敵を自分にとって優位なポジションに引き込むことが、この場合の戦略である。

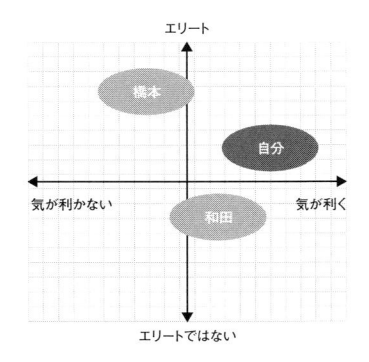

ポジショニングマップに含まれる意味を考える

> エリートだけど、そんなことを鼻にかけないし、気が利くイイやつ

自分の採るべき戦略を考える

> 出身校や会社のことは、さらっと流してしまって気が利く人間であることを積極的に示す

　今回は軸に「エリート度」と「気が利く度」を設定した。こうすることによって、自分にとっての戦場が明確に理解できる。そして、その戦場に相手を導き出す戦略もハッキリとわかる。自分にとって有利な戦場に敵を誘い出して、勝利を収めることができるのである。

　ちなみに、「将来小説家」という軸を取った場合にはどうなるだろうか。これも、ポジショニングマップに加えて戦略までを記入してみると、わかりやすくなる。

　脱サラして小説家になるという選択は、あなたにとってまさに、一か八かの賭けとなる。このように、ポジショニングマップを作ると、自分の戦場が

ポジショニングマップ | Chapter 06

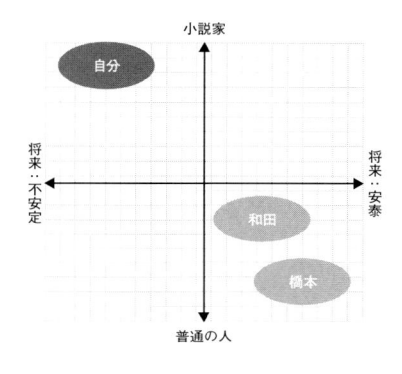

```
                    小説家
                      ↑
        ┌─────────────┼─────────────┐
        │ 自分        │             │
        │             │             │
将来：不安定 ←───────────┼───────────→ 将来：安泰
        │             │  和田       │
        │             │             │
        │             │    橋本     │
        └─────────────┼─────────────┘
                      ↓
                    普通の人
```

ポジショニングマップに含まれる意味を考える

→ 会社を辞めるであろうから、不安定だけど、ちょっと面白いことをする

自分の採るべき戦略を考える

→ とりあえず、他の人間と勝負にならない

「おもいっきりヒットする」か「おもいっきり失敗する」かのどちらかになる

どこにあるのか、どこで戦えば有利なのかがわかるだろう。戦場を制するものは、戦争を制するのである。

応用問題

和田と糸井が参加する20代OLとの合コンシーンを想像し、あなた自身は、どの戦場で戦うべきか、ポジショニングマップを作成せよ。

Chapter 07

二番手以下を追い落とす

リーダーの戦略

　自分がライバルより優位な立場にいる場合においての、戦いに勝つための「定石」がリーダーの戦略である。リーダーの戦略には同質化戦略や参入障壁の構築がある。

《Q7》

　あなたには職場に気になる女性がいる。派遣で働いているミキさんである。「ミキさん、おはよっ！」「あ、おはよう」
　廊下ですれ違いざまに挨拶をすると、にっこり笑って挨拶を返してくれるミキさん。

　初めは挨拶をしても「おはようございます」と敬語だったが、今では何度か食事に誘ったおかげで、会話もかなりフレンドリーになってきている。いい調子だ。このまま進めば……。
　そう思っていた矢先に、同僚からこんな噂を聞く。
　「隣の課の木下もミキさんを狙っているらしい。なんでも、一度デートに行ったようだ」と。
　とはいえ、その同僚によれば、今はあなたの方が優勢のようだ。あなたはいったいどういう行動をすればライバルの木下に勝てるのだろうか。

① ミキさんへの連絡の数を一気に増やして、木下が2人の間に入ってくる余地をなくす。
② 木下と自分のポジショニングを確認し、木下とは全く違う分野で戦う。
③ 木下の情報を仕入れ、木下の行動を分析し、彼が行っていることで効果的なことはマネをする。

ライバルがいる場合は、あなたの立場がリーダー（自分が一番優位な立場にいる）であるか、リーダー以外（一番優位な立場に他の人間がいる）であるかで、勝てる戦略が変わってくる。リーダーの立場にいる者が採るべき戦略とは、いったいどのようなものだろうか。

Column #006

主役は女性

ウンチクを言って好かれる男性と、嫌われる男性がいる。この境目はどこにあるのだろうか。実は、ほとんどの場合、ウンチクを言うと女性に嫌われてしまう。では、ウンチクを言って好かれる男性は何をしているのだろうか。答えは簡単。ウンチクの主役を女性にしているのである。例えば、誕生石。「4月生まれといえば、誕生石はダイヤモンドだね」と女性が主役になる会話をする。こういう場合、女性は「この人は私のために知識を披露してくれている」と感じる。ウンチクを言いたくなったときには、そのウンチクを言うことで「相手の女性が主役になれるか」をまず考えてみるとよいだろう。

第3章　ライバルに勝つ戦略

《A7》

→正解は③　木下の情報を仕入れ、木下の行動を分析し、彼が行っていることで効果的なことはマネをする　である。

　今回、あなたはライバルの木下より優位な立場にいる。このような場合、相手の出端をくじくのが必勝の方法となる。そうすれば有利な立場を動かされることはない。後は悠然と自分の勝利を確信していればよい。

① ミキさんへの連絡の数を一気に増やして、木下が2人の間に入ってくる余地をなくす。

　これは、非常に危険な行為である。ミキさんには本人なりの恋愛のペースがある。それを無視して一気にたたみかけることは、マイナスの印象を与えてしまう可能性が高い。

【想定されるシチュエーション】
あなた：（よし、今日もミキさんに電話するぞ！！）
トゥルルル……トゥルルル……
　ミキ：（え、また今日も電話？　毎日かかってきて、なんだか……
　　　　うっとうしくなってきたなぁ）
あなた：（今日は忙しいのかな？　電話がつながらないや）

相手のペースを見ながらもう少し連絡を増やしてもよさそう、と判断したならよいが、ライバルと差をつけることが目的ならばNGである。

② 木下と自分のポジショニングを確認し、木下とは全く違う分野で戦う。

この選択肢を選んだからといって有利になるわけではない。もともと自分が優勢の場合は、「わかりやすい差別化」をしてもあまり意味がないからだ。

【想定されるシチュエーション】
　あなた：（木下はクール系で攻めてきているから、俺はお笑い系で攻めてみるか）
　　　　・・・・・・
　ミキ：（うーん、どっちにしようかなぁ。お笑い系の○○さん（あなた）と、クール系の木下さん。どちらも捨てがたいなぁ）

このような差別化をすると、木下と自分との違いが明確になり、ミキさんの立場からすると「全然違うタイプの2人のうち、どちらがいいか」という単純な二択になってしまう。場合によっては、有利な自分の立場をマイナスに持っていきかねない選択肢なのである。

③ 木下の情報を仕入れ、木下の行動を分析し、彼が行っていることで効果的なことはマネをする。

第3章　ライバルに勝つ戦略

　今回の正解はこの選択肢である。自分が有利な立場にいるのだから、その有利な立場を揺るぎないものにするのである。

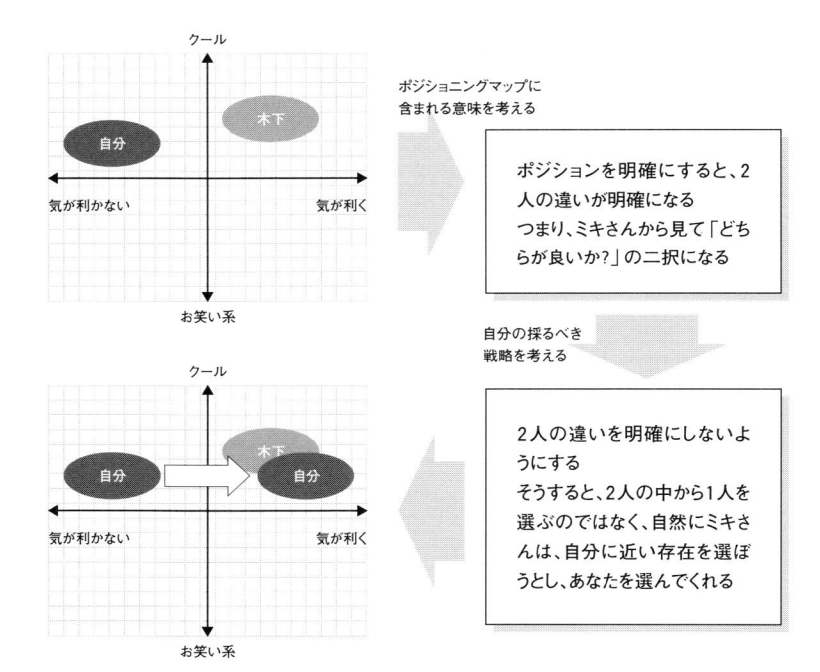

ポジショニングマップに含まれる意味を考える

> ポジションを明確にすると、2人の違いが明確になる
> つまり、ミキさんから見て「どちらが良いか？」の二択になる

自分の採るべき戦略を考える

> 2人の違いを明確にしないようにする
> そうすると、2人の中から1人を選ぶのではなく、自然にミキさんは、自分に近い存在を選ぼうとし、あなたを選んでくれる

【想定されるシチュエーション】
　ミキ：(木下さんって、結構やさしくて気が利くと思っていたんだけど、考えてみたら○○さん〈あなた〉も気が利くんだよなぁ。うん、やっぱり彼氏にするなら、いつも近くにいる○○さん〈あなた〉かも）

木下のよいところを取り込むことができれば、ミキさんは迷うことなく、一番近い存在であるあなたを恋人候補にするのである。

《経営戦略的解説》

恋のライバルがいる。1人の女性を複数の男性が狙っている。よくある状況である。このような場合には、ライバルを蹴落とすことも必要だ。恋愛は、綺麗事だけでは済まされない。1人の女性を複数の男性が狙ってしまったことで結局は誰かが傷つくもの。ならば、せめて相手の女性を自分が幸せにしてやるという信念でアタックするしかない。

ライバルがいる状況においては、ただ自分が突き進むのではなく、ライバルとの関係性を考えながら行動した方が、成功の可能性が向上する。ライバルに負けそうなら、一発逆転を狙った方が効果的だし、勝てそうな状況ならば無難に今の関係を進めていった方が効果的だと判断できるからである。

ライバルがいるときには、自分が今どの立場にいるのかを、まずは分析する必要がある。というのも、自分の立場によって採るべき戦略が変わってくるからである。まずは、次ページの表を見て、自分がどの立場にいるのかを確認しよう。

リーダーであれば、ライバルのマネをする戦略が正解となる。というのも、マネをしてしまえば二番手以下のよいところが消えてしまうからであ

一番手	リーダー	そのままいけば付き合えるかもしれない立場
二番手	チャレンジャー	1位争いをしている状態、または二番手の状態 無難にいっても勝てない
三番手以下	フォロワー	普通に考えると、他の人に取られてしまう かなり望み薄の状態
番外	ニッチャー	フォロワーと基本的には変わらないが、開き直ってアホに徹したり、変な人間であることをアピールしている状態

る。ライバルのよいところがなくなれば、相対的に優位な立場にいる自分が勝つ。これが、リーダーの戦略である。

リーダーの戦略

　松下電器が「マネした電器」と皮肉られていた時代があったのをご存じだろうか。当時、松下は家電メーカーの中で、1番の地位、つまりリーダーの地位にいた。このときの松下電器のあだ名が「マネした電器」だったのである。他社がさまざまな新しい工夫をしていく。松下電器は一歩遅れるが、同じような技術をすぐに取り込む。そして、松下ブランドを付けて販売していったのだ。

　普通に考えると、一歩遅れているのだから負けてしまうのでは、と考えてしまうのだが、それでも松下はトップの座を譲らなかった。なぜなら、リーダーの戦略として正しいことを行っていたからである。

　リーダーという地位は、現時点で1番ということである。周りからも1番

だと認められている。そのため、同じ商品が目の前にあって、同じ価格であった場合、人間は自然と1番の方を選ぶようになる。

さらに、一番手のメーカーの商品であれば、フェイス数（商品棚に置いてもらえる数）も多い。見かける量が多ければ、それだけ信頼性も増す。他社が新しいことを仕掛けてきても、一番手がマネをすれば結局一番手の勝利で終わってしまうのだ。

同じことが、コーラ業界でも起こった。ペプシが「ダイエットペプシ」を発売していた時期がある。「コーラなのに太らない」という当時としては新しいコンセプトであった。ダイエットペプシは一気に流行った。

これを見たコカ・コーラ社は「ダイエットコーク」で対抗した。

一番手であるコカ・コーラ社は大量の販売ルートや自動販売機を抱えている。自然と消費者はダイエットコークの方を多く目にするようになる。そして、ダイエットコークに消費者がなじんでいってしまった。

以下の図を見てもらいたい。

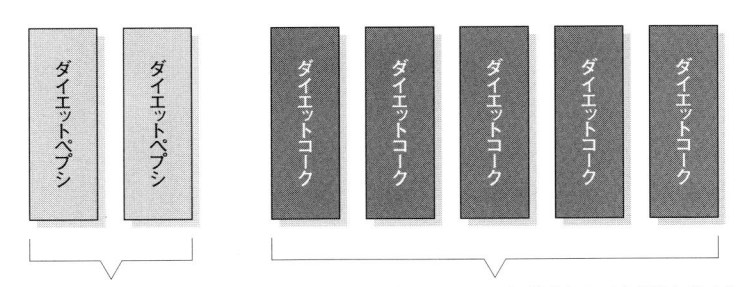

数が少ないと目につかない　　後発であっても、数が多いので目につき、消費者はこちらを選んでしまう。

2種類の商品があるとき、あなたならどちらを選ぼうとするだろうか。このような場合、普通は数が多い方の商品に注目してしまう。リーダーの戦略は、まさにこういう「力」にものを言わせる戦略なのである。このように、ライバルのマネをする戦略を一般的には**同質化戦略**と呼ぶ。相手と同じ行動をとって、相手の強みをなくしてしまおうという戦略である。

さらに、リーダーらしい、力にものを言わせた戦略を採る企業も存在する。伊藤園である。伊藤園のお茶は、契約農家から仕入れているお茶が使用されている。契約農家はその年生産されたお茶を伊藤園に販売することになっている。伊藤園は、良質のお茶を安定的に買い取るために、農家と契約をしているのである。

しかし、伊藤園がとった行動をもう少し突っ込んで考えてみると、こう見ることはできないだろうか。「伊藤園はおいしいお茶を確保するためだけに農家と契約したのではない。他の会社においしいお茶を持っていかれないように、前もって契約をして、おいしいお茶の流出を防いだ」というように。

伊藤園は「どうせおいしいお茶は目をつけられるだろうから、先に自分のところで契約をしてしまって、他で使えないようにしてしまおう」という、「越えられない壁を作っておく」ことにも成功していたと推測できるのである。

「越えられない壁」のことを一般的には**参入障壁**と呼ぶ。参入障壁を作って、敵が市場に入ってこられないようにしているのだ。

同質化戦略

　リーダーが行うマネする戦略、つまり同質化戦略は恋愛においても有効な手段である。リーダーが実施する同質化戦略は、恋愛においての定石の一つなのである。

　二番手以降が、狙っている女性を高級なレストランに誘ったとする。一番手に差をつけようとしての行為だろう。ここで、一番手が同じように高級なレストランに女性を誘う。これで二番手の有利な立場が消えてしまう。同じようなところに連れていってくれるのなら、一番手の方が女性にとっていいに決まっている。こうやって同質化をしていくことで、ライバルが追いつけないような状態を作ることができるのだ。

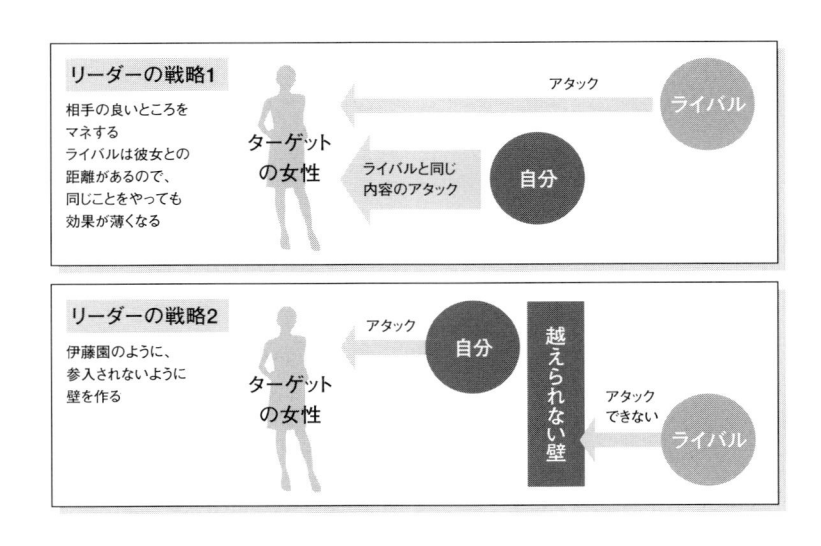

リーダーの戦略1
相手の良いところをマネする
ライバルは彼女との距離があるので、同じことをやっても効果が薄くなる

ターゲットの女性 ← アタック ← ライバル
ライバルと同じ内容のアタック ← 自分

リーダーの戦略2
伊藤園のように、参入されないように壁を作る

ターゲットの女性 ← アタック ← 自分 ｜越えられない壁｜ アタックできない ← ライバル

また、伊藤園のように最初から越えられない壁を見せつけておくことも有効である。「ここに参入しても勝てないよ」と宣言しておくのだ。この越えられない壁の見せ方の一つが、友人への相談である。友人に「自分は彼女のことが好きで、がんばって付き合うまでに発展させたいと思っている」と事前に相談しておく。こうすることによって、友人は応援する立場になる。
　ほかにライバルが参入してきたとしても、その友人が情報を教えてくれたり、ライバルに対して「やめておけよ。もう狙っているやつがいるのだし」と相手を降ろさせる行動をとってくれたりすることがある。

　こうして見てみるとわかるが、ライバルが参入してきたときには、どうしても「資金」が必要になる。
　相手がデートの終わりにタクシーで送り迎えをしているようなら、マネをしてこちらもタクシーを使わなければならなくなる。また、こちらが前もって相手に参入されないようにディナークルージングに誘ったりすると、ますます資金の流出は激しくなる。

　ライバルがいるときには、多少金がかかっても仕方ないと思って腹をくくるくらいの方がよい。そして、彼女に投資をするのだ。
　「ここまでなら、彼女に投資できる」というラインを決めて、自分なりにがんばるとよい。なぜなら女性は、「自分にこれだけ投資してくれているのだから、付き合ってからも愛されるに違いない」という確信を男性に求めていることも多いからだ。
　むろん、ダメな場合もある。そのためにも自分自身に投資額の線引きをし

ておいた方がよい。「〇〇万円までなら、彼女につぎ込める」という決心をしておき、その金額を超えた場合には、危険ラインとして撤退を考えるのだ。

　リーダーの戦略は、正直金がかかる戦略である。リーダーの資金繰りが悪化した場合、二番手が一気に1位に浮上してくるという可能性もありうる。そのためにも、早めに参入障壁を作っておき、また、二番手以下に対して「俺は本気だし、引かない」という意思表示をしておく方がよいだろう。少なくとも、一番勝ちやすい位置にいるのがリーダーである。無茶なことをする必要はないが、多少は女性に奮発するつもりでいろいろな作戦を実施していくとよいだろう。

応用問題

　ライバルがいる場合、自分が出費できるだけの金額を以下に述べよ。その金額を超えてライバルが行動してきた場合、どうするかも決定せよ。
　① 撤退する
　② さらに金をつぎ込む
　③ リーダーの戦略を諦め、リーダー以外の戦略を採用する。
　今回の設問には正しい解答は存在しない。状況に応じてどの選択肢が有効かを判断していただきたい。

Chapter 08

弱者が王者に勝つ方法

リーダー以外の戦略

ライバルがいる。まともに戦っても勝てない。こんなときですら勝つことができる方法が存在する。それが、チャレンジャーの戦略、フォロワーの戦略、ニッチャーの戦略である。

《Q8》

あなたは、最近、悶々とした日々を送っている。その原因は、ライバル佐々木の存在だ。彼が、マリコさんにちょっかいを出しているせいである。もともと、あなたが先にマリコさんに目を付けていた。そこへ佐々木が積極的にマリコさんにアピールをし始めたのだ。そして今現在、マリコさんは彼に心が傾きつつある。

あなたはというと、焦って、やっとアプローチを始めたばかりだ。このままでは、佐々木が勝つことは目に見えている。何もしないよりマシ、そう思ってがんばってはみたが、もう手遅れかもしれない。

あなたはこれから、どうすればよいだろうか。

> ① 佐々木とは違う面を強調したり、佐々木がやっていないことばかりをしてアピールし、「佐々木か、俺か」という選択肢を彼女の中に作る。
> ② まずは当面の勝利を佐々木に譲るとして、マリコさんの相談役などになり、時間をかけて彼女を攻略していく。
> ③ 一発逆転を狙い、音楽活動を始め、ライブに彼女を招待する。音楽の力によって彼女にアピールをする。

今回は、自分がリーダーでない立場にいる場合の戦略を考える必要がある。次ページ以降で、リーダー以外の立場にいる場合にどのような戦略を採れば勝つことができるかを解説する。

Column #007

言ってはいけない言葉

男 同士で仲よくなると、相手のことを小馬鹿にしたような言い方をすることがよくある。「おまえって、ホントにバカだなぁ」

こういう言葉を言い合えることこそが、男性同士で友情が成立した証拠になる。ところが、女性は仲のいい人にこういう言葉を言われると、とても傷つき、あなたをデリカシーのない男だと思うようになる。

仲のいい女友達に、「おまえって、マヌケだなぁ」と言ってしまったことがないだろうか。もしその女性が女子校出身だった場合には、大問題。男同士のこういった友情のルールを理解していない可能性がある。

女性のルールを理解していない男性が、「男のルールなんだから理解しろ」と言っても、相手の女性は聞いてくれるはずもないのだ。

《A8》
→正解は、すべての選択肢 である。

　普通にやって勝つ見込みがないときには、真正面から挑まずに、側面や背後から攻める方がよい。今回の選択肢は、どれも側面攻撃や背面攻撃であり、それぞれ長所と短所がある。その長所と短所を見ていこう。

① 佐々木とは違う面を強調したり、佐々木がやっていないことばかりをしてアピールし、「佐々木か、俺か」という選択肢を彼女の中に作る。

　自分と佐々木の二人だけが彼女を取り合っている状態や、自分が二番手の状態であれば、有効な選択肢である。今、彼女は「佐々木と付き合うかどうか」を考えているはずだ。そこに、佐々木と全く違うタイプの人間が現れる。そうすると「佐々木さんと○○さん（あなた）、どちらが彼氏にいいのか」という選択肢に切り替わるのである。

【想定されるシチュエーション】
マリコ：（佐々木さんがイイと思っていたけど、○○さんもイイかな。最近、○○さんも急浮上してきたんだよねぇ。どっちがいいか迷っちゃうな、どっちも素敵な人だし。）

　彼女の中で「どちらがいいか」という二択になるおかげで、付き合える

可能性がアップするのである。

② まずは当面の勝利を佐々木に譲るとして、マリコさんの相談役などになり、時間をかけて彼女を攻略していく。

　佐々木と大きく水をあけられたときにはこの選択肢が有効である。いったんマリコさんの「友達」という位置づけにとどめておく。そして、佐々木とマリコさんとの関係性や付き合いの状況といった情報を収集する。佐々木とマリコさんの応援をする側にまわることで、マリコさんを陰ながら支える役になるのだ。

　佐々木とマリコさんが破局したとき、一気に攻勢をかける。未来の可能性にかけて、じっくりと攻める場合にはこの選択肢が有効である。

【想定されるシチュエーション】
マリコ：「ごめんね、○○さん。いつも相談ばかりしちゃって」
あなた：「かまわないよ。佐々木と上手くいってないんだって？」
マリコ：「そうなの。もう終わり……かもしれないんだよね」
あなた：「そうか、つらかったね」（優しく頭をなでる）
マリコ：（ああ、そっか。○○さんって、いつも私を支えてくれていたんだ）

　時間はかかるし、佐々木と上手くいってしまうというリスクはあるが、劣勢のときにはかなり有効な戦略となる。

第3章　ライバルに勝つ戦略

③ 一発逆転を狙い、音楽活動を始め、ライブに彼女を招待する。音楽の力によって彼女にアピールをする。

　いきなり音楽活動を始めるのは難しいかもしれないが、自分が普通の人とは違うということをアピールすることが有効である。マリコさんに「俺にするか、ほかの普通の人にするか？」という選択肢を作るのである。

【想定されるシチュエーション】
　あなた　：「俺のライブに来てくれないかな。本気でミュージシャンを目指そうと思っているんだ」
　マリコ　：「えっ……うん、誘ってくれてありがとう。見に行くね」
　マリコ　：（ミュージシャンの彼かぁ、それもありかも。でも不安定だし……。ミュージシャンか普通の人ってどっちがいいんだろう）

　①と違うのは、「佐々木にするか、俺にするか」という選択肢ではなく、「俺にするか、普通の人間にするか」という、さらに広い範囲での選択肢にできる点である。自分が三番手以下の場合には、①の選択肢よりこの選択肢を選んだ方がよいだろう。

《経営戦略的解説》

　今回の選択肢は、リーダー以外の立場にいる場合の戦略を一通り挙げた

ものである。
①はチャレンジャー、つまり二番手の場合の戦略
②はフォロワー、つまり三番手以下の場合の戦略
③はニッチャー、普通に戦ってもダメな場合の戦略
となる。

　それぞれ、立場が変われば戦略も変わる。まずは、立場によってどのような戦略を採ればよいかを見ていこう。

立　場	戦　略	解　説
リーダー	同質化戦略 参入障壁の構築	ライバルのマネをする ライバルが入ってこられないようにする
チャレンジャー	差別化戦略	リーダーとは違う行為をし、「リーダーか自分か」という選択肢を作る
フォロワー	追随戦略	リーダーのおこぼれを狙う
ニッチャー	ニッチ戦略	とりあえず、他の人と全く違う行動をとったり、著しく特徴的な自分を見せたりして「自分を選ぶのか、それとも普通の人を選ぶのか」という選択肢を作る

　二番手である**チャレンジャー**は、**差別化戦略**を採用するとよい。リーダーと自分との違いを明確にするのだ。差別化の詳細なやり方については、ポジショニングマップの章を参考にしてほしい。

三番手の**フォロワー**の立場の場合、おこぼれを狙う、**追随戦略**を採用する。普通にやっても勝ち目がないときというのは、だいたい自分でもそれがわかってしまう。こういうときには、長期戦にもつれ込ませた方がよい。狙っている女性の相談相手といった、ある意味「仲のいい友達」というポジションを築く。そして、そこから攻めていくのだ。彼女が落ち込んでいるときに「君を支えてあげる」という姿勢を示すことができれば、可能性が一気に浮上する。

　最後に、**ニッチャー**の場合は、一発逆転を狙って**ニッチ戦略**を行う。普通の行動をしても、ダメなものはダメなのだ。
　「俺のコンサートを見に来ないか」とか「土日はストリートパフォーマンスをしている」とか「人には知られていないけれど、実は書家なんだ」といった「普通の人にはありえない」状態を作り出す。そして、その一点で彼女にアピールをするのだ。
　「Aか、俺か」という選択肢ではなく、「俺を選ぶか、それとも選ばないか」という選択肢を作り上げるのである。

ライバルに対抗する方法

　差別化戦略を使って見事に成功した企業の例を見てみよう。歯ブラシ業界で有名な話がある。それがジョンソン・エンド・ジョンソンとライオンとの戦いである。
　当時ライオンは歯ブラシ業界で１番、つまりリーダーの企業であった。そ

こにジョンソン・エンド・ジョンソンが戦いを挑んだ。しかし、ライオンと同じことをやっても負けてしまう。

ジョンソン・エンド・ジョンソンが採用した戦略とは、「ブラシが小さい歯ブラシを作る」ことである。

ライオンは歯ブラシメーカーであると同時に、歯磨き粉メーカーでもある。歯ブラシのブラシが減ってしまうと、歯磨き粉の消費量が減ってしまう。ライオンは、そう簡単にブラシの小さい歯ブラシは作れなかったのだ。ジョンソン・エンド・ジョンソンは、単なる差別化ではなく、相手にマネをされない差別化をして戦いに挑んだのである。

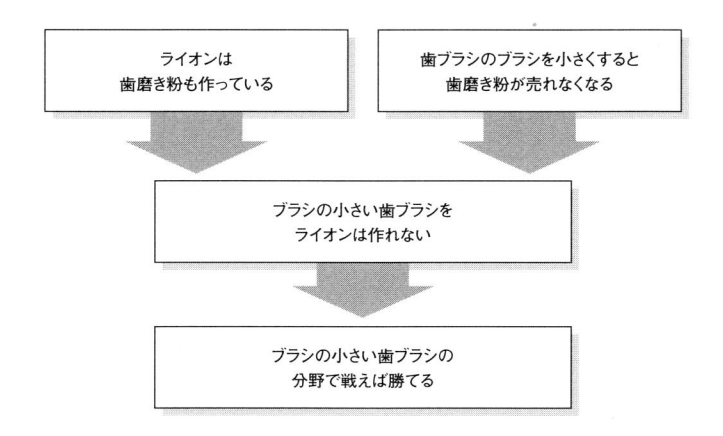

```
┌─────────────────┐      ┌─────────────────────┐
│   ライオンは    │      │ 歯ブラシのブラシを小さくすると │
│ 歯磨き粉も作っている │      │  歯磨き粉が売れなくなる  │
└────────┬────────┘      └──────────┬──────────┘
         │                          │
         ▼                          ▼
         ┌──────────────────────────┐
         │   ブラシの小さい歯ブラシを   │
         │      ライオンは作れない     │
         └─────────────┬────────────┘
                       │
                       ▼
         ┌──────────────────────────┐
         │   ブラシの小さい歯ブラシの   │
         │     分野で戦えば勝てる      │
         └──────────────────────────┘
```

さらに、ジョンソン・エンド・ジョンソンはCMの中で歯科医に「ブラシは小さい方がよい」というニュアンスのことを話してもらった。これで一気

に攻勢に出たのである。

　フォロワーの追随戦略で有名なのが、ジェネリック医薬品である。普通の医薬品は、商品として販売されるまでに研究開発を繰り返し、厚生労働省に認可をもらって、やっと薬として販売ができるようになる。もちろん、研究開発結果は特許として薬品メーカーが登録するので、同じ薬は作れない。

　しかし、特許には20年という期限がある。ジェネリック医薬品とは、特許切れの技術を使った医薬品である。新たな研究開発が必要ないため、従来の薬品と同じ効果が出るのに、価格は安い。

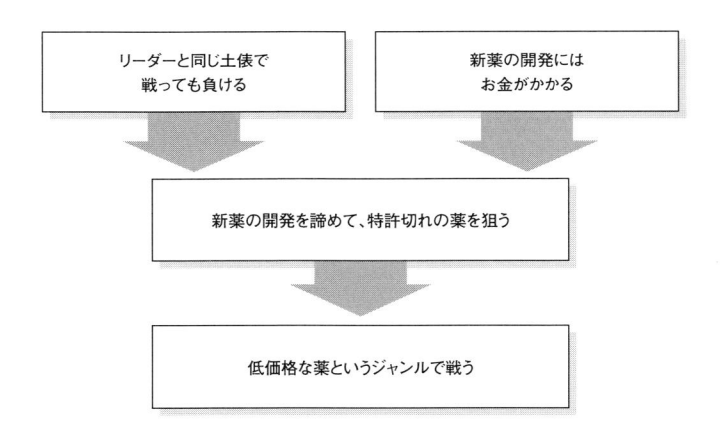

```
┌──────────────────┐    ┌──────────────────┐
│ リーダーと同じ土俵で │    │　新薬の開発には　 │
│ 　戦っても負ける　 │    │ 　お金がかかる　 │
└────────┬─────────┘    └────────┬─────────┘
         ↓                       ↓
    ┌────────────────────────────────────┐
    │ 新薬の開発を諦めて、特許切れの薬を狙う │
    └─────────────────┬──────────────────┘
                      ↓
         ┌────────────────────────┐
         │ 低価格な薬というジャンルで戦う │
         └────────────────────────┘
```

　リーダーとは真っ向から戦わずに、果報を待つことによって戦える状況を作ることができる。ジェネリック医薬品は、あえてリーダーに追随することで研究開発のコストを抑え、商品価格自体を安くすることによって、消費者に喜ばれるという道を採っているのである。

ニッチャーの戦略は非常にわかりやすい。自動車業界全体を見渡してみよう。

立　場	会　社	戦　略
リーダー	トヨタ	他社に負けないものという視点で非常によくできた車を発売している
チャレンジャー	ホンダ	リーダーとは違うものをどうやって作ればよいか、日々研究している
フォロワー	マツダ	他社より多少は遅れを見せつつも、なんとか追い上げようと踏ん張っている
ニッチャー	スズキ	他社の力の入れ方が多少弱くなる「軽自動車」に絞って戦っている

　ニッチャーの採る有効な戦略は、スズキのように他社が手を付けない分野や力の入れ方が弱くなる分野、つまり「狭い分野」で一番を取ることである。狭い分野で目立っていれば、人の目を引くことができる。軽自動車といえば、スズキ。こう言われるように、狭い分野に特化し、狭い分野で一番になる。

　車を買うときに「軽自動車にするかどうか」という選択肢を、消費者が考えるようになる。そして消費者が軽自動車を選ぶときには、真っ先にスズキを思い出す。こうして、消費者は「軽自動車（スズキ）を選ぶか、他にする

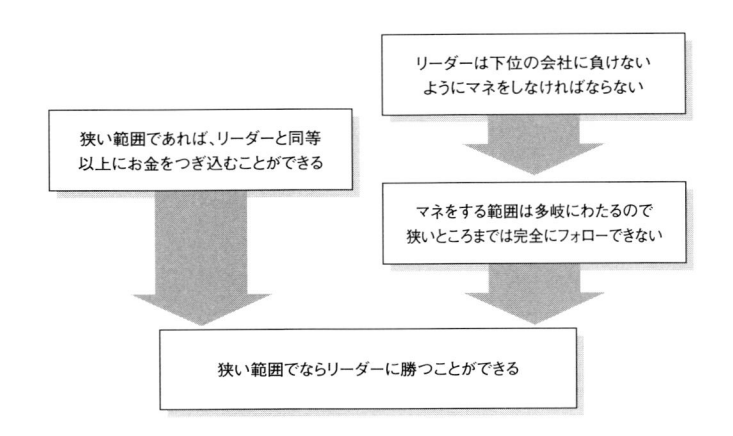

```
リーダーは下位の会社に負けない
ようにマネをしなければならない
           ↓
狭い範囲であれば、リーダーと同等    マネをする範囲は多岐にわたるので
以上にお金をつぎ込むことができる    狭いところまでは完全にフォローできない
           ↓                              ↓
        狭い範囲でならリーダーに勝つことができる
```

か」と考えるようになるのである。

リーダーとは相反する戦略

それぞれの立場についての企業の戦略を見てきた。この、ライバルがいるときの立場別戦略は恋愛にも当てはまる。リーダーではないときに、リーダーと同じことをやっても負けるだけ。いっそのこと、ほかの戦略を採った方が勝てる可能性が高くなるのだ。

チャレンジャーの立場であれば、差別化戦略を採用する。リーダーと違うことをやるのだ。その際、リーダーにマネされないようにするために、差別化するポイントを明確にしておくことが必要である。

羽振りのよいことを差別化ポイントにするのであれば、送り迎えにタク

シーチケットをプレゼントするくらいの「普通はマネできないこと」を考えることだ。

　お金で解決する部分はマネされやすいので、性格面や趣味の面、狙っている女性との距離の近さなどを差別化ポイントとすると、他者に模倣されにくい。性格であれば、リーダーが優しいタイプの場合、チャレンジャーはグイグイ引っ張っていく性格を前面に出す。

　フォロワーの場合は、追随戦略を採用する。彼女が落ち込んでいるとき、フラれたとき、こういう「おこぼれを拾いやすい場面」に遭遇できる環境を作るのである。それまでの間、彼女を支えることができていれば、一気に形勢が逆転する可能性がある。
　「そういえば、辛いときにはいつもそばにいてくれた……」
　女性にこう思ってもらえるように持っていく。農作物を育てるように、種をまき、まめに世話をし、収穫の時期をじっくりと待つのである。

　ニッチャーの場合は、ニッチ戦略（狭い範囲に特化する戦略）を採用する。「こんな人、ほかにいないよ」となれば、しめたものである。普通に戦っても勝てないときには、一発逆転を狙うしかない。そんなときにはトヨタになろうとせずに、スズキになろうとするのが大切。
・ちょっとマニアックな趣味を持っている。
・バンドをやっている。
・変なスポーツをやっている。
・劇団に参加している。

このような、ほかの人にないものをアピールする。

もしも、興味を持ってもらえたなら、一発逆転のチャンスがそこにできる。誰が恋人にふさわしいかを考えたとき、無難な路線ではほかの人に負けてしまう。目立つことこそが、ニッチャーで戦う際に重要なポイントになるのである。

> **応用問題**
>
> 自分ができる「チャレンジャーの戦略」「ニッチャーの戦略」の例を挙げよ。チャレンジャーは差別化するための切り口を明確にすること。ニッチャーは一発はじけることができるネタを準備すること。

第4章：もう一押し！の戦略

04

Chapter 09

ゆきづまったときの解決法

キャズム

　出だしは好調であった。しかし、なぜか次のステップに進めなくなってしまう。このステップの境目にある「踊り場、裂け目」がキャズムである。このキャズムを乗り越えるには、どうしたらよいのだろうか。

《Q9》

　久しぶりである。あなたは、この年になって久しぶりにときめいている！！あなたは、理系の大学院を卒業し、社会に出て5年目になる。恋なんてここ2年ほどしていなかった。しかし、あなたの目の前にこれまでにないくらい、好きという気持ちを伝えたいと感じさせてくれる女性が現れた。

　まずは、メールアドレスを交換した。今まで自分自身を「チキン（臆病者）」だと思っていたあなたにしては、珍しい行為である。
　以前のあなたは、好きになった人にメールアドレスを聞くことすらできなかった。あなたは自分自身、成長しているのを感じている。そして今、目当てのその女性にメールをしている。

キャズム | Chapter 09

「この、チキンな俺がデートに誘った。すごいぞ、俺」自分で自分を褒めるあなたがそこにいる。

しかし、メールの書き方が悪かった。

　　あなた：「今度、一緒に飲みに行きましょう」
　　彼女：「いいですよ〜」
　　あなた：「いつがいいですか？」

しかし、返事が……来ない。さて、あなたはいったいどのような行動に出ればよいのだろうか。

> ① 返事が来るまでひたすら待つ。来なければ、縁がなかったと思って諦める。
> ② 1日くらい待って、「13日とか15日の夜にダイニングバーで待ち合わせなんてどうですか？」と再度予定を聞く。
> ③ 今すぐ、メールをしてスケジュール調整をする。

「好き」という気持ちは、自分と相手との間に相対的位置関係を作ってしまうものだ。今回は、その相対的位置関係に関する問題だ。女性の気持ちがどのように盛り上がっていくのかも含めて、次ページ以降で解説する。

《A9》

→正解は②　1日くらい待って、「13日とか15日の夜にダイニングバーで待ち合わせなんてどうですか?」と再度予定を聞く　である。

　今回の設問に対して、とるべき行動は「自分の気持ち」と「相手の気持ち」のバランスをとって、思い通りの結果に結びつけることである。②の内容であれば、前回のメールの補足内容となる。前回の内容を具体的に落とし込む今回の内容であれば、相手にデートの誘いを忘れられていても大丈夫だし、「補足」という形をとっているので、連続で誘っているというしつこさも感じさせない。

① 返事が来るまでひたすら待つ。来なければ、縁がなかったと思って諦める。

　後日返事が来るのなら問題はないが、返事が来なかった場合には忘れ去られてそれで終わりである。久しぶりに本気で好きになった人に忘れ去られて終わりとは、悲しすぎる。好きの反対は「無関心」である。何も感情を持ってもらえないで終わるのは、恋愛において最大の失敗である。無関心のまま忘れられてしまう人間より、嫌われて終わる人間の方がよっぽど「好き」になってもらえる可能性が高いのだ。

【想定されるシチュエーション】
　あなた：（はぁ、メールこないなぁ。今頃彼女は、自宅に帰ってゆっく

りしているはずなんだけど)
相手の女性：（？？？　なんか忘れているような気がするなぁ……）
あなた：（ううっ、もうダメなのかなぁ）
相手の女性：（まっ、忘れるってことは大事な用件じゃないってことだよね。いいや、気にしないでおこう）
あなた：（しかたない、今回も諦めるかぁ）

　返事が来ないのは、相手が返事を忘れているから、という可能性もある。「しつこい」と感じさせない程度のフォローは必要である。

② 1日くらい待って、「13日とか15日の夜にダイニングバーで待ち合わせなんてどうですか？」と再度予定を聞く。

　今回はこれが一番よい選択肢である。例題のメールのやりとりでは、日時の指定をしていなかった。これでは相手の女性はメールの返事が出しにくい。とはいっても、焦って再度メールを出すのは余裕のなさが見え見えである。ここは大人の余裕を持ちつつ、失敗を取り返す行動に出るのがよい。

【想定されるシチュエーション】
あなた：（はぁ、メールこないなぁ。よし、あと1日待って返事がなければ電話しよう!!）
次の日・・・・・・・・・・
あなた：「もしもし、××さんですか？」

相手の女性：「あ、こんにちはー」
あなた：「この前のお誘いですけど、13日か15日にダイニングバーに行きましょう。どうですか？」
相手の女性：「あ……（しまった。そうだった、忘れてた）13日は予定が入っちゃってるので、15日でどうですか？」
あなた：「じゃあ、15日で。楽しみにしていてくださいね」

　この場合、電話でもメールでも、ある程度の成果は出せる。とはいえ、予定調整については電話の方が臨機応変に対応できるので、勇気を出して電話で話をした方が、成果は出やすくなる。

③ 今すぐ、メールをしてスケジュール調整をする。

　これは、明らかに焦りすぎである。しかし、実際はこの選択肢を選んでし

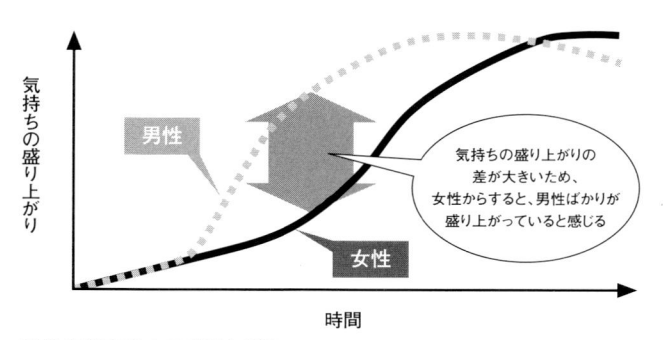

恋愛初期の男女の盛り上がり

まう男性が非常に多い。というのも、男性の方が女性よりも惚れっぽくなるからである。惚れた分だけ、相手に余分にアプローチをしたくなる。これが、失敗する理由である。

【想定されるシチュエーション】
あなた： （はぁ、メール来ないなぁ。さっきのメールが悪かったんだろうなぁ。なんとか取り返さないと。よし、もう1通メールしよう！）
『さっきは失礼なメールを出してごめんなさい。今度の予定はどうですか？』
30分後。まだメールが来ない。不安に駆られてもう1通メールをする。
『絶対楽しいから、一緒に行きましょうよ』
相手の女性： （地下鉄ってホント電波入らないんだよね。あ、メール来てる……。うわー、なにこの人、似たようなメール何通も送って来てるよ、なんか怖い……）

自分の気持ちだけが盛り上がり、相手の気持ちとの差が大きくなりすぎると恋愛は失敗しやすい。相手の気持ちを考慮して、そこに合わせて行動していくのが成功の秘訣である。

《経営戦略的解説》

気に入った女性が現れた。いきなり告白をする。「まだ知り合ったばかり

で、あなたのことわからないから」と言われて撃沈する。

　こんなにわかりやすいパターンは今時少ないだろうが、それにしても男性は少しでもアプローチをかけ始めると、一気に盛り上がってしまう傾向がある。まず、男性と女性の気持ちの盛り上がりをグラフで見ていこう。

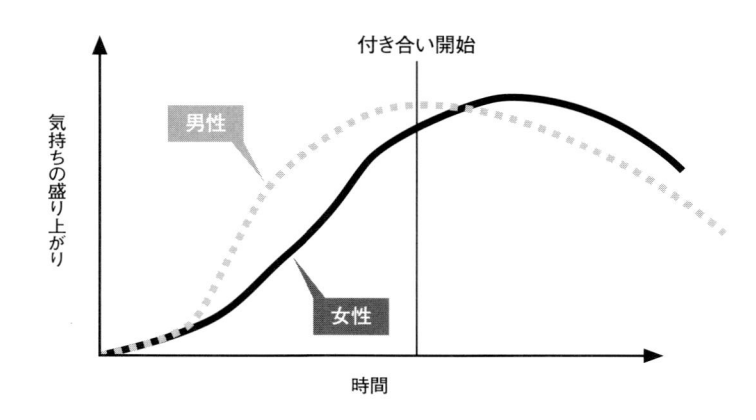

付き合い開始

縦軸：気持ちの盛り上がり／横軸：時間

男性（点線）／女性（実線）

　付き合い開始に到るまでは、男性の方が女性よりも盛り上がっていることがわかるだろう。これが失敗原因になりうる。自分ばかりが盛り上がってしまうと、心に余裕がなくなり、失敗しやすくなってしまうのだ。

　例えば、メールの返事が返ってこないだけで不安になってしまう。しかし、女性の側がまだ盛り上がっていないのなら仕方がない。ところが、盛り上がってしまった男性は不安になって、さらに絨毯爆撃のようにメールを送ってしまおうとする。そして、メールを送りすぎた結果、相手から「まだ知り合って間もないのに、やりすぎ」とか「気持ちが重い」と思われてしまうのだ。

プロダクトライフサイクル

　企業が新しい商品を出すときにも、消費者のライフサイクルを見極めて販売をしていく。例えば、新しいCPU（パソコンの演算装置）ができたとしよう。新しいCPUを最初に買うのはイノベーター（革新者）である。イノベーターが、とりあえず試しに買って使ってみる。次にアーリー・アダプター（初期採用者）がこれは使えそうだと思って採用し、マジョリティ（一般消費者）に普及していく。

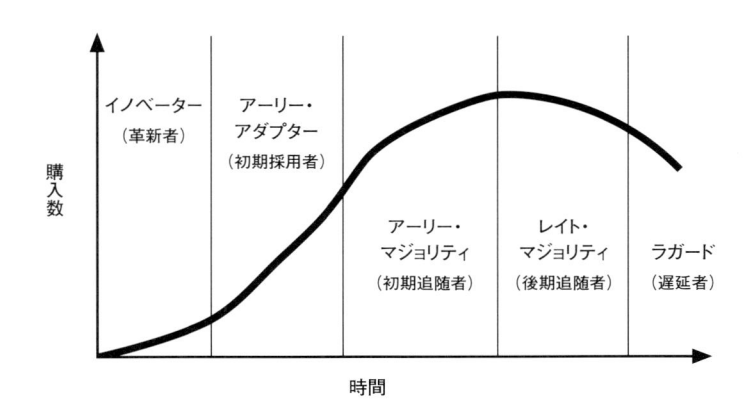

（図：購入数と時間のグラフ。左から イノベーター（革新者）、アーリー・アダプター（初期採用者）、アーリー・マジョリティ（初期追随者）、レイト・マジョリティ（後期追随者）、ラガード（遅延者））

　企業は段階段階で、どのような消費者にどのような売り方をしたらよいかを考えている。初期の頃は「新しい技術を使っています」とか「性能がこれだけアップしました」といった、一般消費者にとっては専門的すぎる宣伝方法をする。その方がイノベーターにはウケがよいのだ。
　そして、イノベーターが使ったおかげで市場での認知度が上がってくる

と、目の付け所がよいアーリー・アダプターたちが次に買ってくれるのである。ここでも、技術的なレベルアップや革新性がもてはやされる。

しかし、マジョリティに波及するときには技術性はあまり評価されない。マジョリティは「自分にとって使いやすいのか」「自分にメリットがあるのか」という視点でものを見るからである。

このとき企業は、「この商品を使うとこれだけ幸せになれます」という表現をする。パソコンであれば「外出先でもテレビが十分に見られるくらいすごいです」というわかりやすい表現で売られることになるのだ。

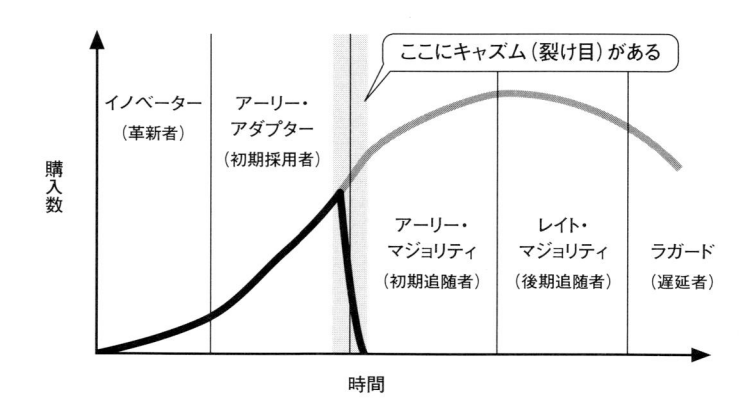

さて、ここで注目すべきがアーリー・アダプターからマジョリティに移る部分である。アーリー・アダプターには技術的な内容を説明すればよかったが、マジョリティには技術性は評価されない。

その段階を越えられずに、流行りそうだと思われた技術の多くが廃れていった。

アーリー・アダプターとマジョリティの間にはキャズム（裂け目）がある。ここを乗り越えなければ、一般消費者に受け入れられず、爆発的なヒットを起こすことはないのだ。

企業は、このキャズムを乗り越えるために、商品を「わかりやすい」ものにしていく。

世の中で「顧客へのソリューションの提案（顧客の悩みを解決すること）が大事なのだ」と言われているのは、まさにキャズムを乗り越えるために「顧客自身がこれは必要だとわかる」ようにしなければならないからである。

CPUであれば「水冷にした」と言うのではなく、「パソコンのうるさい音が消えるようになります」とわかりやすい表現にする必要があるのだ。

恋愛におけるキャズム

恋愛においても同様に、キャズムは存在する。

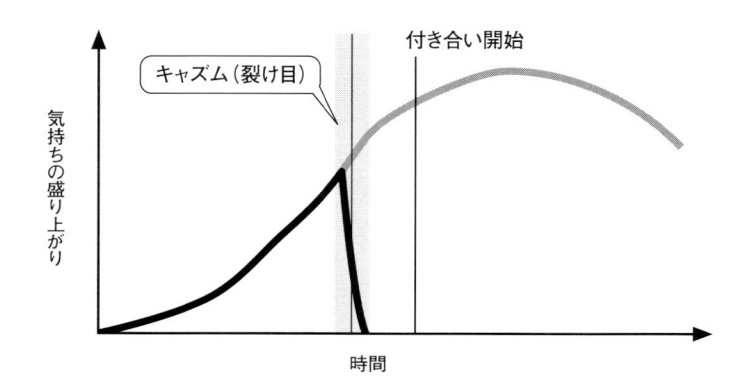

1、2回はデートに誘っても付いてきてくれたのに、その後は誘っても「また今度ね。今忙しいから」という返事。これが恋愛におけるキャズムである。恋愛においては、キャズムを越えると付き合うまでとんとん拍子に進むことが多い。それでは、どうしてキャズムが発生するのかを見ていこう。

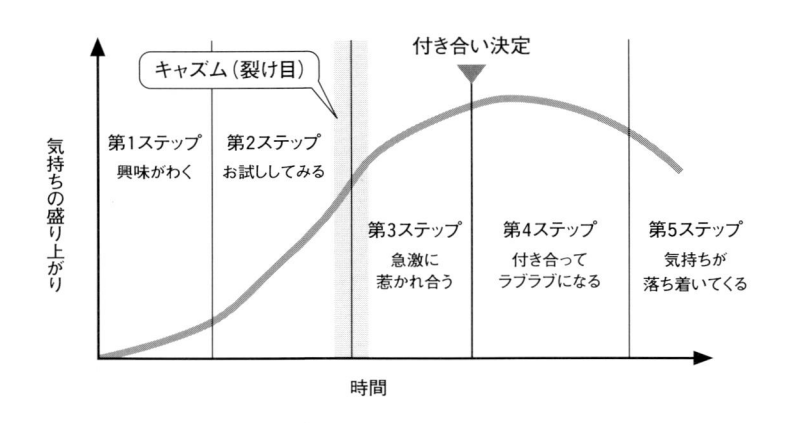

```
気持ちの盛り上がり ↑
         キャズム（裂け目）    付き合い決定 ▼
  第1ステップ  第2ステップ
  興味がわく   お試ししてみる
                        第3ステップ   第4ステップ   第5ステップ
                        急激に      付き合って    気持ちが
                        惹かれ合う   ラブラブになる  落ち着いてくる
                                                    → 時間
```

女性の恋愛のステップは5段階に分かれている

第1ステップ： まず、男性に興味が湧くのが最初である。このステップに入るためには衛生要因をクリアしておく必要がある。

第2ステップ： 次は、お試し期間に入る。興味が湧いたので「この人はどうかな」と考えている。この期間はデートに誘われれば「とりあえず行ってみよう」というくらいの気持ちで行くことになる。この時点では、男性はあくまで「友達」としての位置付けである。

第 3 ステップ：私は彼（誘ってくれている男性）にどう思われているのだろうと考えるのがこの時期。急激に女性の気持ちが盛り上がる。

第 4 ステップ：付き合って当面の間はラブラブ状態になる。多くの場合は男性が先に沈静化するが、女性のラブラブ状態は長く続く。

第 5 ステップ：女性のラブラブ度も落ち着いてきて、まったりとしたカップルになっていく。

第2ステップに注目することで、キャズム発生のメカニズムがわかる。このステップは女性から見て「単なるお試し期間」なのだ。

女性は最初、「とりあえず製品的には問題なさそうだし、性能を評価してみますかね」と考えてデートに行ってみる。そこで、性能が悪ければ、結局のところ"ふるい"から落とされてしまう。『よいお友達』で終わってしまうのだ。

このキャズムを乗り越えるには、第2ステップの間に女性を楽しませることが必要になる。「楽しませる」がポイントである。あなたと一緒にいることで、彼女の気分がよくなり、もっと一緒にいたいと思ってもらうことが

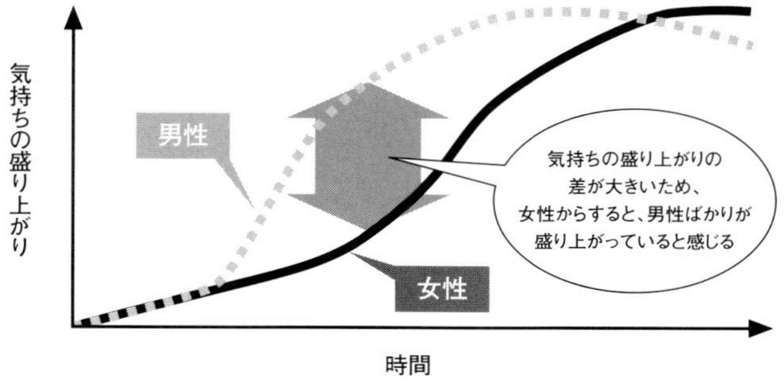
気持ちの盛り上がり
男性
女性
気持ちの盛り上がりの
差が大きいため、
女性からすると、男性ばかりが
盛り上がっていると感じる
時間

次のステップに行くための必須事項なのである。

　相手に楽しんでもらうには、自分の気持ちばかりをぶつけてはいけない。この頃の男性は急激に気持ちが盛り上がっている場合が多い。

　女性は、まだ相手のことを好きになっていない状態で、重い気持ちをぶつけられると「彼の気持ちを考えなきゃいけない」と思ってしまい、楽しめなくなる。これが注意点の一つである。

　さらに、このときの男性は「自己PR」をしたくなっていることが多い。しかし、これは女性からすると自慢である。

　二人で食事をしているときに、ついつい自慢ばかりをしていないか注意しなければならない。この時点で必要なのは、自分のすごさに気づいてもらうことではなく、女性を楽しませることなのだ。

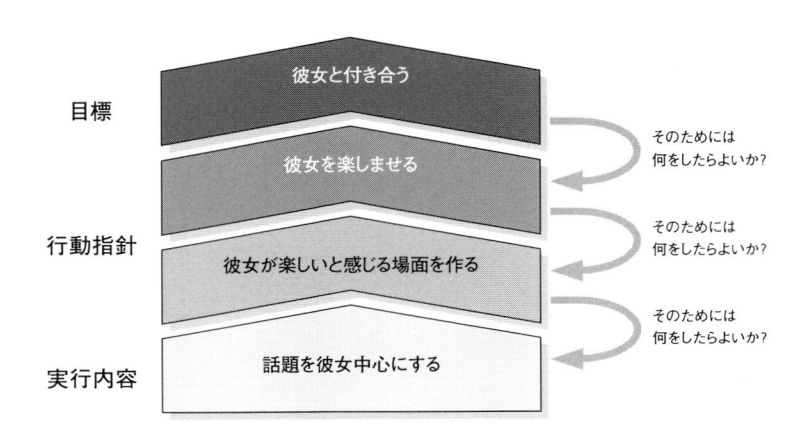

目標	彼女と付き合う
	↑ そのためには何をしたらよいか？
	彼女を楽しませる
行動指針	↑ そのためには何をしたらよいか？
	彼女が楽しいと感じる場面を作る
	↑ そのためには何をしたらよいか？
実行内容	話題を彼女中心にする

まず、自分の目標はどこにあるのか。その目標を達成するには何をしたらよいのか。こういう手順で論理的に考えていくと、何をすべきかという「実行内容」にまで落とし込むことができる。このような情報を、彼女にアタックする前に事前に仕込んでおくことによって、失敗や間違いを起こさないようにすることができる。

女性の「気持ちライフサイクル」を読み解き、その時々に応じた対処をしていくことで、彼氏として受け入れてもらえる状態を作っていくことができるのだ。

応用問題

今、気に入っている女性の気持ちはどのような状態になっているか。気持ちライフサイクルを描き、そこにその女性が今いる状態をプロットせよ。

Chapter 10

いきなり決断を迫るのは、時期尚早
AIDMAモデル

「この商品、絶対いいから騙されたと思って買ってごらん」販売員がこう言っても不審がられるだけである。

出会ってすぐに「僕はとっても素敵だから付き合ってごらん」と言っても、フラれるだけである。買ってもらうまで、付き合ってもらうまでには5つのステップを乗り越える必要がある。そのステップがAIDMA（アイドマ）である。

《Q10》

あなたは、25歳の地方公務員である。今まで恋愛に関して失敗ばかり繰り返してきた。自分ばかり盛り上がって、彼女の気持ちを無視し、アタックをしまくった結果、無惨にも敗退。フラれただけならまだしも、徹底的に嫌われて電話も着信拒否されることすらあった。

そのため、最近では恋愛に臆病になり、積極的なアプローチができなくなっている。自分に自信がなくなったからである。

運よくメールアドレスを聞き出しても、3ヵ月の間ただ世間話をするだけで、一度もデートに誘えずじまい。結局、他の男に先を越されてしまうことが多くなった。

あなたは悩んでいる。焦りすぎてもダメ。じっくりやりすぎてもダメ。ではどうしたらいいのか。

そんなあなたには今、気になる女性がいる。彼女とは一度ランチを一緒にしたくらいで、普段は2〜3日に1通程度のメールのやり取りをしている。この場合、あなたは次にどのようなアプローチをするのがベストだろうか。

> ① もう1回ランチに誘う。今度は店を少しオシャレなフレンチレストランにしてみる。
> ② メールのやりとりを増やしていき、内容も徐々にフランクなメールに変えていく。
> ③ 2週間ほどこちらからは連絡せずに放置しておき、急にデートに誘ってみる。

ビジネスも恋愛も、相手と自分との距離を少しずつ狭めていくことが成功の秘訣である。その「少しずつ」のさじ加減はどのように調整するのがベストなのだろうか。

《A10》

→正解は① もう1回ランチに誘う。今度は店を少しオシャレなフレンチレストランにしてみる　である。

ランチとはいえ、一度はデートをした状態なのだから、次に進むことが必要である。デート前の状態に戻ること（メールや電話だけのやりとりになること）は、恋人へのステップから遠ざかってしまうことになるので避けたい。

① もう1回ランチに誘う。今度は店を少しオシャレなフレンチレストラン※2にしてみる。

今回はこの選択肢が正解である。1回のデートくらいでは、まだまだ相手は自分のことをわかっていない。自分の「存在を認知してもらった」という段階でしかない。

したがって、この段階で、先を急ぎすぎるのはNGである。だからといって、のんびりしていても進まない。

「存在を認知してもらった」状態から次に進むためには、誘う際に何らかの「付加価値」を付けることでOKをもらいやすくする必要がある。ただし、この段階では夜のデートだと警戒心を抱く可能性があるため、昼のデートに誘うことによって相手に安心感を与えるとよい。

昼のデートであっても、相手に与えるインパクトは強い方がよい。イタ

※2：豆知識であるが、お昼のフレンチはコースで食べても1人3000円から5000円で程度で済むところが多い。夜と比べて意外に安く済むので、使い勝手がよい。覚えておこう

場所	昼のイタリアン	昼のフレンチ	夜のフレンチ
価格	コース： 1人2000円〜3000円 ワイン： 1人1000円未満程度 飲まない場合も多い	コース： 1人3000円〜5000円 ワイン： 1人1000円未満程度	コース： 1人6000円〜10000円 ワイン： 1人3000円未満程度
インパクト	普通〜強い オシャレで美味しければ効果あり	強い 普段行かない場所なので行ってみたいと感じてもらいやすい	強い 普段行かない場所なので行ってみたいと感じてもらいやすい
安心感	昼なので安心 誘われたら、「まあいっか」という気持ちで付いていける	昼なので安心 誘われたら、「まあいっか」という気持ちで付いていける	夜なので警戒される 気になっている相手とか、怖くない相手になら付いていく
誘ったときに付いてきてくれる可能性	○	◎	△

リアンに比べてフレンチの方が女性の興味をそそるので、デートに応じてくれる可能性も高まりやすい。

【想定されるシチュエーション】
　あなた：「また、一緒にお昼に行きましょうよ。おいしいフレンチの店を見つけたんですけど、どうですか」
　相手の女性：（お昼かぁ、だったら安全だなぁ）「そうですね、また連れていってください」
　あなた：「じゃあ、来週の21日なんていかがですか？」

② メールのやりとりを増やしていき、内容も徐々にフランクなメールに変えていく。

　メールは相手のペースを把握しづらく、恋愛においては使いこなすのが難しいツールである。メールのやりとりで盛り上がることもあるが、その場合、相手は自分に対してよいイメージを膨らませすぎていることがある。メールはコンタクトを取るにはよいが、使いすぎは要注意である。特に、付き合う前は男性側が一方的にメールで盛り上がることがあるので、ある程度クールダウンさせるくらいの方がよい。

【想定されるシチュエーション】
あなた：（がんばってメールであの人の心をつなぎ止めるぞ！）
　　　　『こんばんは、今何してました？』
相手の女性：（うわっ、なんか返事を書きにくいメールが来たなぁ）
　　　　『テレビ見てたところですよ』
あなた：『テレビですか。今やっているドラマ、おもしろいですよね』
相手の女性：（ドラマなんて見てないし。なんか話がズレてるし、なにより急にいっぱいメール来ると、返事出すだけでも大変なんだよね）

　自分ばかりが盛り上がると、恋愛は失敗しやすくなる。少し頭を冷やすつもりで、メールの量には気をつけよう。

③ 2週間ほどこちらからは連絡せずに放置しておき、急にデートに誘ってみる。

　一番の愚策である。2週間間隔でデートに行く、というのであればよいが、2週間連絡もせずにいきなり誘うのは時間を空けすぎである。メールを連打した後に、時間を空けるという駆け引きもあるが、その場合であっても1週間程度で十分である。

【想定されるシチュエーション】
あなた：（彼女から連絡が来ないなぁ。こっちも2週間我慢するぞ）
2週間後・・・・・・・・・・・・・
あなた：『こんばんは、元気でした？』
相手の女性：（ん、この人誰だっけ？）

　最低でも、相手に忘れられないようにするくらいの配慮は必要である。

《経営戦略的解説》

　ほとんどの恋は、どちらかの片思いから始まる。出会って最初の頃は、相手には「こんな人がいる」というくらいにしか認知されないものである。
　「こんな人がいる」という程度から、「一緒に遊んでもいいかな」というように考えてもらう。次第に「私のこと、どう思っているのかしら」と気になってもらい、「私は彼が好き。付き合いたい」と思ってもらうまで、段階を

踏んで進んでいくと、恋は成功する。

　恋はいきなり成就するものではない。順を追って成就させていくものなのである。

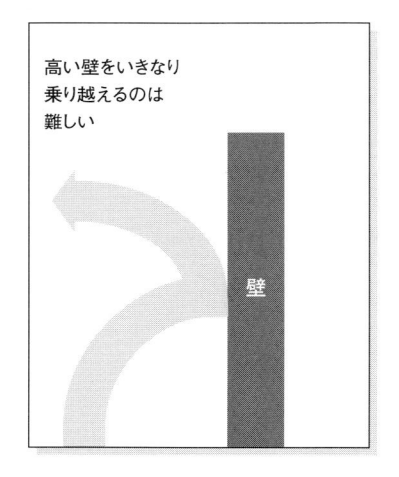

[図：高い壁をいきなり乗り越えるのは難しい（壁）／階段を作ってしまえば、高いところであっても上ることができる]

　いきなり高い壁を乗り越えようとしても、手が届かないまま力尽きてしまう。高い壁をいきなり上ろうとするのではなく、階段を順番に上っていけば、さほど苦労しなくても頂上にたどり着くことが可能なのだ。

　まず、自分という人間が存在することを知ってもらう。それ以上のことはやらなくてもよい。次に、自分に興味を持ってもらう。ああ、こんな人がいるんだ、と思ってもらえれば十分だ。それから、共感してもらう。共通の趣

味があることを発見したり、キレイなものをキレイと二人で感じたり。そんな些細な共感を共有する。

　そのうち、相手が自分のことを考えるようになる。ちょっと変わった風景を見たとき、「○○さんがこの風景を見たら、美しいって言うんだろうな」というように、相手の記憶に存在として出てくるようになる。

　付き合うのは、あくまでもその次だ。彼女の中で「意識する」存在から「好きだと思う」存在になる。ここでやっと二人の付き合いが始まる。このように階段を一つ一つ上っていくことが、女性に「この人と付き合いたい」と思われるために必要なことなのである。

AIDMAモデル

　突然、「この商品は、いいものだから買ってください」と言われたとしよう。あなたは、これに対してどう思うだろうか。たいていの場合、胡散臭いと思って、結局その商品は買わないだろう。

　企業が消費者にものを売ろうとするとき、単純に「買ってください」と言うだけではものは売れない。消費者の心理をじっくり研究して、買ってもらえるように誘導しなければ、よい商品であっても全く売れずに終わってしまう。
　そこで、消費者心理が研究された。研究の結果、消費者はものを買うまでに、5つの段階を経るということがわかった。

第4章　もう一押し！の戦略

消費者がものを買うまでの段階をモデル化したのがAIDMA（アイドマ）モデルである。

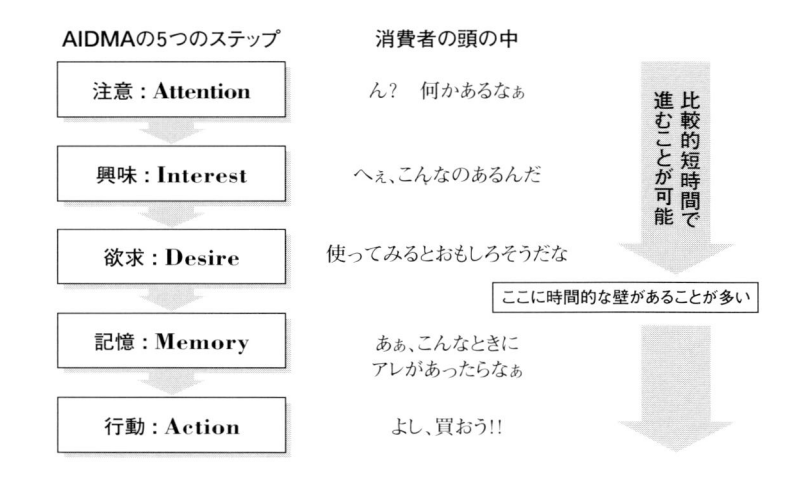

AIDMAの5つのステップ	消費者の頭の中	
注意：Attention	ん？　何かあるなぁ	比較的短時間で進むことが可能
興味：Interest	へぇ、こんなのあるんだ	
欲求：Desire	使ってみるとおもしろそうだな	
	ここに時間的な壁があることが多い	
記憶：Memory	あぁ、こんなときにアレがあったらなぁ	
行動：Action	よし、買おう!!	

AIDMAモデルは注意（Attention）、興味（Interest）、欲求（Desire）、記憶（Memory）、行動（Action）の5つの段階に消費者行動を分類する。

今まで電動歯ブラシを使ったことがない人を例にしてAIDMAの手順を探ってみる。最初、電動歯ブラシなんてものは、その存在すら知らなかった。しかし、テレビで、ある会社が電動歯ブラシを推奨していた。
「ん？　これはなんだ？　新しい歯ブラシか？」
注意を惹きつけられる。これが注意（Attention）である。もちろん、消費者はこの時点では電動歯ブラシを買おうなどとは考えていない。

そして、店頭で電動歯ブラシを見かける。
　「そういえば、前にテレビでやっていたなぁ。電動歯ブラシっていいのかな？」
　電動歯ブラシのパンフレットを手にする。ここが、興味（Interest）である。

　パンフレットを見ていると、「へぇー、普通に歯を磨くより振動が細かくなるからキレイに歯が磨けるんだな。結構いいかもしれない。欲しいかも」と思うようになってくる。つまり、欲求（Desire）が湧いてくるのだ。

　自宅に帰って歯を磨く。歯石がたまるので、半年に1回は歯石を取りに歯医者に行っていることを思い出す。普段から歯をしっかり磨いていれば歯石もたまらないのだろう、と感じる。
　「電動歯ブラシだったら、歯をしっかり磨けるんだろうなぁ……」
　こうして、記憶（Memory）から電動歯ブラシのことを何度も思い出すようになる。

　ついに、電動歯ブラシが欲しくなって、お店で買ってしまう。これが行動（Action）である。

　企業は、消費者が商品の購買に至るまでのプロセスでどのように考え、行動するのかを事前に理解し、消費者の段階に応じて情報を出すよう工夫している。だから、我々はいろいろなものが欲しくなり、つい買ってしまうのである。

恋愛AIDMA

　恋愛においても、AIDMAモデルは成り立つ。5つのステップに分けることで、自分が何をしていけばよいのかが明確になるのである。恋の壁を乗り越えるための階段がAIDMAの形ででき上がる。

AIDMAの5つのステップ / **やるべきこと**

- 注意：Attention — 知ってもらう（まずは挨拶から）
- 興味：Interest — 興味を惹きつける（とりあえず、相手の興味のあることに合わせる）
- 欲求：Desire — また会いたいと思ってもらう（一緒に話をしていて楽しいと思ってもらう）
- 記憶：Memory — ふとしたことで、自分のことを考えてもらうようになる
- 行動：Action — 好きだ、付き合いたい、と思ってもらうようになる

（注意〜欲求：比較的短時間で進むことが可能／記憶〜行動：ここに時間的な壁があることが多い）

　最初にやるべきこと（注意：Attention）は、まず知ってもらうことから始まる。恋愛の始まりはまず、挨拶から。
　「カオリさん、おはよう」こういう感じで、まずは自分の存在をアピールするのである。知らない人から急に声をかけられるのは怖い。知っている人になら、話しかけられても怖くない。まずは、知っている人になることが必要なのだ。

次は、興味（Interest）を持ってもらうことである。少しずつ話す時間を増やしていく。また、同時にオススメのお店情報などを話していく。

「食事」は誰もが興味のある分野。人間的に興味を持ってもらうよりも、食事に興味を持ってもらう方が手っ取り早い。食事に誘うと付いてきてくれる可能性が高いのは、こういう理由があるからだ。

食事やデートに付いてきてもらえるようになると、次にやらなければならないのは、「共感」することである。女性は男性以上に共感されたい／したいという欲求（Desire）を持っている。デートの目的は、相手と同じ時を共有することではない。デートは、感情を共有するため（共感するため）に存在するのだ。

そして、共感が進むと、自分に近くなった相手（男性）を意識するようになる（記憶：Memory）。意識するようになると、自分の頭の中でその男性と話をするようになる。また、女性は自分がその男性にどう思われているのかが、気になるようになってくる。

「私は彼にどう思われているの？」こういう思いが募ってくると、自ずと相手のことが好きになっていくのだ。

ちなみに、駆け引きが一番有効に使えるのはこのタイミングである。今まで連絡をくれた人が急に連絡をくれなくなった。

「どうしたんだろう？」

このように「どうしたんだろう？」と思ってもらうことが、駆け引きのテ

クニックである。駆け引きをすると相手の記憶に残るようになり、意識される量が増えていくのだ。

最後に、相手が自分を好きになって、「付き合ってもいいかな」と思ってくれるようになる（行動：Action）。
このタイミングで告白をすれば、確実に付き合うことができるようになる。

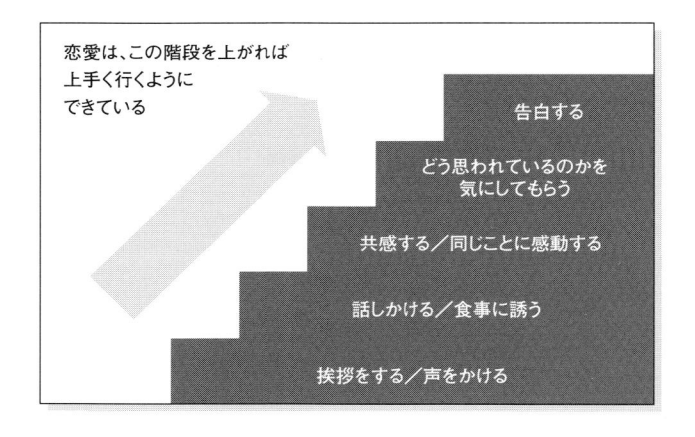

恋愛は、この階段を上がれば上手く行くようにできている

- 告白する
- どう思われているのかを気にしてもらう
- 共感する／同じことに感動する
- 話しかける／食事に誘う
- 挨拶をする／声をかける

恋愛の成功の秘訣は階段を一歩一歩上がっていくことである。
その時点その時点で何をすべきかということを見極めていくことができれば、上手くいく可能性は一気に上昇するのである。

AIDMAモデル | Chapter 10

> **応用問題**
>
> 　今の状態が、AIDMAのどの段階にいるのかを分析せよ。
> その上で自分がやるべき行動を2つ以上挙げよ。

Chapter 11

押すだけが戦略ではない。時には引くことも必要だ

Push戦略とPull戦略

　営業活動をしなくても、顧客から「これ、欲しい」と言ってもらいたい。自分からアプローチするのではなく、女性の方から積極的にデートに誘ってもらいたい、できれば告白もしてもらいたい。

　自分から押していくのがPush戦略であり、相手から近づいてもらうのがPull戦略である。Pull戦略はどうすれば実行できるのであろうか。

《Q11》

　あなたは、いつも女性に対してマメなアプローチをしてきた。おいしいレストランの情報を仕入れたり、遊園地のイベントに誘ったりと相手の女性のために手間を惜しまなかった。

　しかし、一度くらいは女性から言い寄られたい、告白されたいと思っている。そのためには、女性が言い寄りたくなるような男にならなければならない。ファッションを変えたり、女性の多い場所へ行く必要もあるだろう。また、話し方も勉強した方がよさそうである。

　さて、あなたは、それらをどの順番で行うのが望ましいと思うだろうか。

① ファッションの変更 → 女性の多いところへ行く → 話し方の変更
② ファッションの変更 → 話し方の変更 → 女性の多いところへ行く
③ 女性の多いところへ行く → 話し方の変更 → ファッションの変更

　同じことを実行するにしても、順番が変われば結果が異なる場合がある。結果を出すにはプロセスを見直す必要があるのだ。

Column #008

「それよりこっち」よりも「わかるわかる」

　「このイタリアンっておいしいよ」と女性に言われて、あなたはなんて答えるだろうか。よもや、「それより、おいしいところ知っているよ」なんて言っていないだろうか。
　男同士であれば、「いやいや、こっちの方がおいしい」とか「日本のイタリアンなんておかしい。ナポリタンは日本製なんだから」といった会話の中に「バトルの要素」を入れてもよいだろう。しかし、女性との会話は「バトル」ではなくて「共感」の方が受け入れてもらいやすい。
　「おいしいよ」と言われれば、「そっか、おいしいんだ。行ってみたいね」と素直に答えた方が、お互いに楽しく会話ができるのである。
　年をとって知識をつければつけるほど、男性は世の中を斜めから見るようになる。そして、皮肉を言ったり、言葉遊びの一環で会話の中にバトルの要素を入れたりする。男同士ではよいが、これらのバトル的要素は女性に受け入れてもらいにくいことを理解しておいた方がよいだろう。

《A11》

→正解は② ファッションの変更 → 話し方の変更 → 女性の多いところへ行く である。

相手から好きになってもらうには、第一印象から気をつける必要がある。第一印象が一番よくなるには、女性と会う前に『準備（つまり、ファッションや話し方が十分なレベルに達していること）』ができていなければならない。

① ファッションの変更 → 女性の多いところへ行く → 話し方の変更

この手順で行くと、女性と上手に話せないままに女性の多いところに飛び込むことになってしまう。女性は、男性の「見た目」と「会話」を合わせて相手の第一印象を形成する。会話が上手でない段階で女性の多いところに飛び込んでも、話ができずに終わってしまう。
　まずは、会話のトレーニングをしておく方が先決だ。
　もし、どうしてもこの手順で通したい場合には、話し方を変更した後、再度別の女性の多いところへ行くとよいだろう。
　そうした場合、初めに行った女性の多いところが「トレーニング場所」となるので、次に女性の多いところへ行く前に会話の経験を積むことができるのだ。

【想定されるシチュエーション】
パーティ会場にて
あなた：「こ、こ、こ、こんにちは……」
相手の女性：「え、あ、こんにちは……」（見た目はそこそこだけど、挙動不審な人だなぁ）
あなた：「さ、最近、暑いですね」
相手の女性：「そうですね」（うーん、ぶっちゃけ、この人と話しづらい）

　相手から近寄ってもらうには、第一印象をよくすることが必須である。第一印象が改善されていない状態なのに「向こうから好きになってもらいたい」と思うのは無茶な話である。

② ファッションの変更 → 話し方の変更 → 女性の多いところへ行く

　これが正解の選択肢である。まず、認識していただきたいことがある。**女性から声をかけてもらうには、多大なコストが発生する**。ほとんどの男性は女性から声をかけてもらうことはできないのだ。女性から声をかけてもらえる人間は、10人中2人くらいだろう。その2人には、もともとの素養がある。顔がよかったり、お金持ちだったり。彼らと同じ土台に立つには、事前に十分な準備をしておく必要があるのだ。

第4章　もう一押し！の戦略

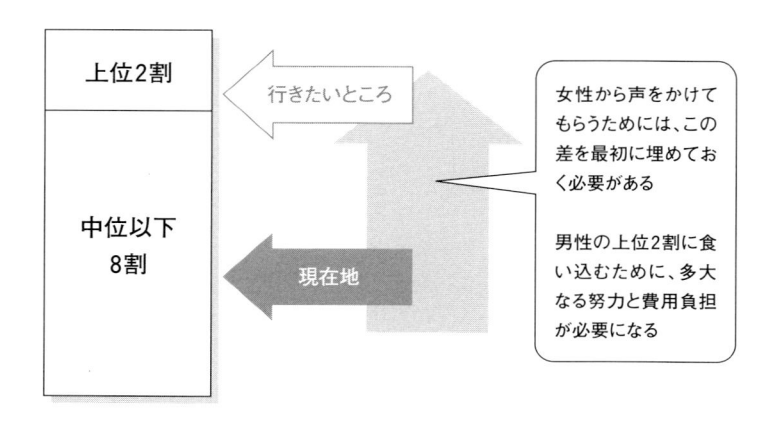

```
┌─────────────┐
│  上位2割     │  ←行きたいところ    女性から声をかけて
├─────────────┤         ↑           もらうためには、この
│             │         │           差を最初に埋めてお
│  中位以下    │         │           く必要がある
│   8割       │  ←現在地
│             │                     男性の上位2割に食
│             │                     い込むために、多大
└─────────────┘                     なる努力と費用負担
                                    が必要になる
```

【想定されるシチュエーション】

パーティ会場にて

あなた：（あ、あの人、一人で暇そうに壁にかかっている絵を見ているぞ）

「絵がお好きなんですか？」

相手の女性：「え、あ、はい。絵画って、とても心にしみることがありますよね」

あなた：「そうですよね、僕も大好きなんです」

相手の女性：（一人で寂しかったけど、話しかけてくれてうれしいな。よく見るとちょっとカッコいいし）

　相手から好きになってもらうには、事前に準備が整っている必要がある。今までそんな経験がなかったという人ほど、事前の努力によって、会話力

を向上させ、見た目も向上させておく必要がある。

③ 女性の多いところへ行く → 話し方の変更 → ファッションの変更

　これは一番やってはいけないこと。とりあえず行動しようという意欲は素晴らしいが、初対面で形成されてしまった印象をぬぐい去るのは難しい。いきなりファッションが変わっても、「もともとダサい人だった」と思われてしまっては、効果が薄くなってしまうのである。

【想定されるシチュエーション】
パーティ会場にて
あなた：「こ、こんにちは……」
相手の女性：「こんにちは（うわ、なにこの人。ちょっと服のセンスが……パーティなんだから。TPOをわきまえないと……）」
あなた：「えーっと、その……こういったパーティに参加するのは初めてなもので」
相手の女性：「そうなんですか？　意外ですね」
　　　　　　（自分から話しかけてきたんだから、話のネタくらい自分で作ってよね）

　むろん、相手から好かれることを狙うのではなく、自分からいろいろな人にアタックする場合はこの方法を採ってもかまわない。しかし、相手に惚れてもらうためには第一印象から作り込む必要がある。

《経営戦略的解説》

　モテるようになりたい。しかも、女性から声をかけてもらえるくらいになりたい。ほとんどの男性は、こんなことを思った経験があるのではないだろうか。しかし現実は厳しい。一部の、ほんの一握りの男性だけがその地位にいる。中学生なら、スポーツができる人間。これくらいなら、まだ許せる。高校生だと、不良がモテたりする。
「おいおい、あれのどこがいいんだ」
「そういう悪の道に引きずられない精神力を持った、我々一般人をもっと見てくれ！」
　そう叫びたくなる。大学では、またスポーツマンがもてはやされる。社会に出ると、地味で真面目な人間が見直される。ここまで来るのに22年。しかも「見直される」といっても、モテるわけではない。

　モテるためには、素養というものが必要である。不良であっても、モテない人間はモテない。私たちは、意外にその事実を忘れがちである。

　では、モテる素養とは何か。「見た目」と「女性への接し方」である。この両方がそろって初めて、モテる人間になれる。たまに、「見た目で好かれるのはイヤだ。俺の内面を知った上で好きになって欲しい」というワガママな男性がいる。それは、ただの負け惜しみである。
　そういう男性に限って、女性の外見について大いに気にしているものだ。結局のところ、見た目が大きなファクターになるのが、現実。なぜなら、見

た目に気を遣わない人間は「俺は自分の外見についてはとやかく言われるのはイヤだが、女性の見た目は結構気にしているんだ！」と女性にアピールしているようなものだからだ。そんなワガママな人間と付き合いたいという女性が、はたしているだろうか。

あくまでも、女性の視点で考えてみることが必要なのである。

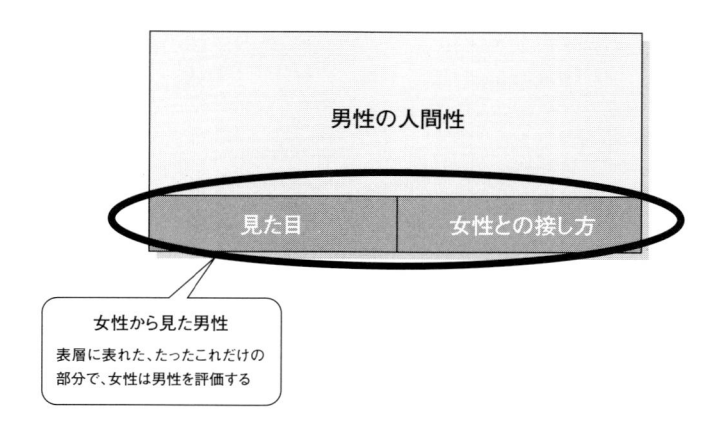

```
┌─────────────────────────────────┐
│         男性の人間性              │
│  ┌──────────┬──────────┐        │
│  │  見た目   │女性との接し方│      │
│  └──────────┴──────────┘        │
└─────────────────────────────────┘
```

女性から見た男性
表層に表れた、たったこれだけの
部分で、女性は男性を評価する

人の内面なんてそうそう見えるものではない。だから、表層に表れる部分で人間性を判断するしかないのである。モテる人間になるには、この表層部分を思いっきり変える必要がある。それだけでなく、この表層部分を女性にわかってもらう必要がある。それには、多大な労力と投資が必要になるのだ。ちょっとマシな服装をしているくらいでは、記憶に残らない。女性から声をかけてもらえるまでになるには、「記憶に残る」くらいにわかりやすく、自然なアピールをする必要がある。

PushとPull

「顧客が勝手にものを買ってくれたらいいのに……」、企業の販売担当者が常々思っていることである。しかし、現実はそんなに甘くはない。

顧客側は気がつかないことが多いが、企業はいろいろな努力をして顧客にアピールしているのである。

訪問販売と通信販売の両方を比較してみよう。

訪問販売をやっている会社は、営業パーソンが力を込めて販売をしていく。保険の外交員を見ているとわかる。昼休みに、いろいろな企業を訪問して、一人一人に話しかけていく。もちろんそれだけではなく、定期的にパーティをやったり、コンパもやったりしている※3。

こうやって、一人一人に対して個別にアピールすることによって販売に繋げるのだ。

保険というのは、どの商品がどのようによいのかということを理解してもらうのが難しい。このような場合、訪問販売（保険の場合は少し違うが）のような形で、一人一人に体当たりして話をしていくことが必要なのだ。

では、通信販売はどうだろうか？　通信販売は、消費者が勝手に欲しい商品を選んで購入する。これこそ、「だまっていても顧客が勝手に買ってくれる」という素晴らしい形態である。

※3：「保険の契約をする代わりにコンパしてくれ」と言うと、多くの場合コンパを催してくれる。ただし、相手は保険関係者が多かったりする

ところが、ただ放っておくだけでは、消費者に「ここに商品がある」ということ自体、気づいてもらえない。さらに、「こんなにいいものがあるのだよ」と誰かに勧めてもらわない限り、そもそもそんなにいいものがあるのだということを消費者にわかってもらえない。

　そこで、企業は消費者に「わかってもらう」ためのコストを支払う。CMを作ったり、試供品を配って使ってもらったり、テレビで通販番組をやって商品を何度も説明したりと、販売前に支払うコストは非常に大きいのだ。

　通信販売は、消費者から「欲しい」と言ってもらえる形態ではあるが、そこに至るまでの準備に、多大なコストを支払わなければやっていけないのである。

　この、通信販売のように顧客の側から欲しいと思ってもらえる状態にする戦略を「Pull戦略」といい、訪問販売のように消費者に押して売る方法を「Push戦略」という。

	Push戦略	Pull戦略
宣伝	比較的少なくて済む	大量に必要 知ってもらう→欲しがってもらうという流れで消費者の購入行動を導かなければならない
販売時の労力	販売時に大 ここにAIDMAのすべてが集結するので、販売時は楽ではない	小 販売時には消費者は「買おう」と意思決定している

Push and Pull

　マーケティングのPull戦略と同様に、恋愛においても、Pull戦略を採る場合には事前に多大なコストが発生することを理解しておく必要がある。なにしろ、女性の方から声をかけてもらうようにするのだ。簡単にできるわけがないのである。

　まず最初に、費用や時間がかかることを理解しよう。また、精神的な負担があることも覚悟しておかなければならない。Pull戦略を実行するには、「女性から気に入られる」ことが必須なのだから。

　実行内容は、「**見た目をキレイにする**」「**女性が接しやすい性質になる**」の2つである。

実行内容	詳細
見た目を キレイにする	スーツを着ている場合、スーツのランクを上げる
	シャツとネクタイにこだわりを持つ
	シャツは必ずアイロンがしっかり当たっていることを確認する。クリーニング店での仕上がりの質が悪ければ、他のクリーニング店に出すようにする

見た目を キレイにする	眼鏡をしている場合、眼鏡をおしゃれなもの（もちろん、服装に合うもの）に買い替える
	靴を買い替える。靴は1年で捨ててしまうくらいの気持ちで買い替える。カジュアル用とスーツ用の2足は最低でも必要
	バッグを買い替える。セカンドバッグはNG。リュックもダメ。LAGASHAあたりのバッグがおススメ
	髭がある場合、毎日手入れをするか、キレイに髭を剃る。場合によっては脱毛もする（完全に脱毛しなくても、3回くらい脱毛に行けば髭を薄くすることもできる）
	髪の毛は毎朝、ある程度時間を確保してセットする
	肌が脂っぽい、または乾燥肌の場合は、毎日肌の手入れをする（化粧水やジェルをつけて寝る）
	太りすぎない、やせすぎない（健康診断の結果でやせ気味から普通ぐらいの体型がベスト）。体格は常

見た目を キレイにする	に少しやせ気味に。筋力はそこそこで維持をする
	ジャニーズ系タレントやそのほかの「女性にウケている」芸能人のいいところをどんどん取り入れていく。（自分でイケてると思うものを信じるのではなく、女性の目を信じるように考え方も変える）
女性が 接しやすい 性質になる	まず、女性の話を聞けるようになる
	話に対して「わかるよ」とか「その通りだね」というように共感の言葉を入れていく
	日頃から、出張したり旅行に行ったときにはお土産をみんなに配る
	女性を好みによって、好き嫌いしない。 誰でも公平に優しく接する
	誰かが困っていたら、自分から声をかけて気遣ってあげる
	日頃から誰にでも挨拶をする

女性が接しやすい性質になる	正しいことを言うよりも、人に受け入れてもらえるような話し方をする。正論よりも、人の気持ちを重視する
	常に「ありがとう」と言う機会を逃さないようにする
	自慢、批評はしない
	陰で努力することを惜しまない
	グループで何かする場合には、ワガママを言わない。ワガママな意見も含めて、上手にまとめる立場になる
	人の悪口は言わない
	「軽い人間」と思われないように努力する
	みんなが疲れているときに、お菓子の差し入れをするなど、ちょっとしたところで気を利かせる。しかし、そのことについて、自慢しない

第4章　もう一押し！の戦略

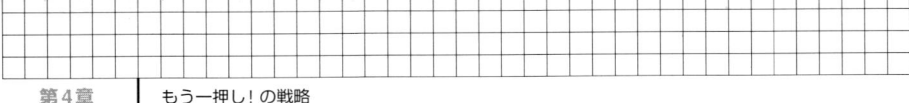

　正直なところ、前述のポイントだけでもまだ足りないのがPull戦略である。ただ、やらなければ声をかけてもらえる機会も減少する。やった方がよいのは確かである。

　実際、企業は、Pull戦略とPush戦略を組み合わせた上で効果を出している。恋愛においても、Pull戦略とPush戦略の両方を実践することが必要だ。

応用問題

　Pull戦略を実行する場合に自分が実施する改善項目を7個挙げよ。その改善内容を開始する日程も記入せよ。

How to be a High-Flier in Business and a Magnet for Women

第 5 章：顧客満足の条件

05

Chapter 12

既存顧客を見直すべし

CRM
(Customer Relationship Management)

　新規顧客、既存顧客、優良な顧客、それぞれに全く同じアプローチをしたとすると、既存顧客や優良顧客が「いつも使っているのに……」と不満を抱くことがある。そのような事実を見直し、本当に貢献してくれている人に対して適切なアプローチを行っていくのがCRM(顧客関係性管理)である。

《Q12》

　ついに、あなたにも彼女ができた。彼女になったばかりのミユキは、歩いているとあなたの服の裾をそっとつまんでくる。あなたから手をつなごうとすると、彼女は恥ずかしそうにしながらも、うれしそうな顔をする。

「あ、あの俺の顔を見るときの上目遣いが……たまらん!!」
あなたは思わずあやしい言葉を言ってしまいそうになる。
「俺はこの娘を一生大事にする、守り抜いてみせる!!」

　1年前まで、あなたは以上のようなことを言っていた。

「そんな頃もあったなぁ。思い出すと懐かしい」

　今のあなたはもう、以前とは違う。最近は、そのミユキが少しうっとうしくなってきたのである。仕事が忙しくなり、あなたは恒例の「おはよう＆おやすみメール」を出さなくなった。デートの回数も減ってきた。
　彼女の口から「ねえ、私のこと本当に好き？」とか「メールの返事くらい出してよ。2、3分で書けるでしょ」というような言葉が出るようになった。これから、あなたは彼女と上手くやっていけるのだろうか。
　あなたと彼女の関係について、今後どのようにすればよいのだろうか。

> ① こういう相手とはもう上手くやっていくのは難しい。早急に別れた方がよい。
> ② 彼女へのフォローをすれば、一気に上手くいくはずである。まずはこまめに彼女をメンテナンスするようにする。
> ③ 自分が忙しくて、心に余裕がないということを、彼女に説明して理解してもらう。

　自分がいっぱいいっぱいのときには、マメに動かなくても文句を言わないで欲しいと思うのが男心である。しかし、女心は複雑で、そんな男の態度は通じないものだ。自分と相手の両方が幸せになるには、どうしたらよいだろうか。

《A12》

→正解は② 彼女へのフォローをすれば、一気に上手くいくはずである。まずはこまめに彼女をメンテナンスするようにする　である。

① こういう相手とはもう上手くやっていくのは難しい。早急に別れた方がよい。

　まだ、別れるには早い状態である。努力の余地がある間は、彼女と上手く付き合っていける方向を探した方がよいだろう。もちろん、あまりにワガママなようだと別れた方がよいが。何年か付き合っていれば、カップルの間に危機が訪れることもある。今回のことも、その危機のうちの一つである。
　彼女も人間なのだから、機嫌が悪くなることもあるし、ワガママになることもあると思って、それなりに対処した方がよいだろう。どんな女性を相手にしても、似たようなことは起きるのだから。

　【想定されるシチュエーション】
　あなた：「もう、やっていくのは無理だと思う。別れよう」
　　彼女：「わかったわよ。そうよね、私より仕事が大事だもんね。そんな相手とはやっていけないよ。もう、私の前から消えてよ！」
　それから3ヵ月後・・・・・
　あなた：（自分から別れを切り出したのに、まだ胸が痛む……。でも、あんなことをしたんだから、もう、元には戻れないよな）

覆水は盆に返らない、こぼれたミルクは元に戻らない……。洋の東西を問わず、なくしたものは返ってこないと言われている。失って初めてその大切さに気づいても遅いということを、あなたは知っているはずだ。

② **彼女へのフォローをすれば、一気に上手くいくはずである。まずはこまめに彼女をメンテナンスするようにする。**

これが正解である。女性は、相手にしてもらえないと「かまってー！」と叫ぶようにできている。この心の叫びを表現する方法は様々で、可愛く言う人もいるし、怒鳴りつけるタイプの人もいる。一番多いのは愚痴っぽく言うタイプの女性だ。

多くの女性がこのような言い方をするのだから、こういった問題はこちらから解決する方向に持っていくべきだろう。かまって欲しがっているのだから、かまってあげればよいのだ。

何より、忙しいのであれば、そのことも報告して「○○日には一緒にいられるから。すごく好きだからね」というように愛情を伝えつつ、明るい未来を見せてあげればよいのである。

第5章　顧客満足の条件

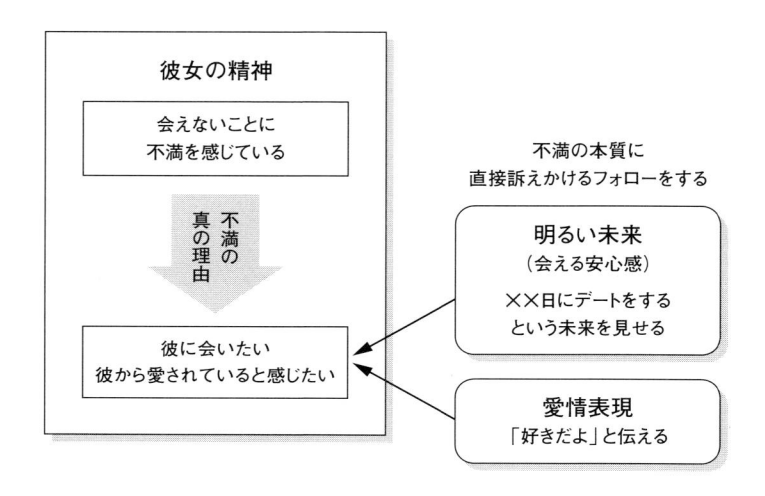

```
彼女の精神
┌─────────────────┐
│ 会えないことに      │
│ 不満を感じている    │
└─────────────────┘
        ↓ 不満の真の理由
┌─────────────────┐
│ 彼に会いたい        │
│ 彼から愛されていると感じたい │
└─────────────────┘
```

不満の本質に直接訴えかけるフォローをする

- 明るい未来（会える安心感）：××日にデートをするという未来を見せる
- 愛情表現：「好きだよ」と伝える

【想定されるシチュエーション】
あなた：「悪かったな。12時くらいになるかもしれないけど、地元の駅に着いてから、お前の家に着くまでに電話するから、な」
彼女：「うん、ありがとう。私も不安だったの。いっぱい困らせてごめんね」
あなた：「そんな、謝るなよ。これからも二人で仲よくやっていこうな」

　時間は、作り出そうと思えば作り出せるもの。彼女べったりになる必要はないが、彼女のために何かしてあげる時間を確保するのが彼氏のつとめだろう。

③ **自分が忙しくて、心に余裕がないということを、彼女に説明して理解してもらう。**

　感情的になっている人間に対して、冷静に理屈で説得したところで、話に収拾がつくことはほとんどない。今回の場合は、説得は無意味である。
　まずは「寂しがらせてごめんね」というように、感情的な相手に対して、相手の感情を受け止める会話にしておいた方がよい。

【想定されるシチュエーション】
　あなた：「連絡できなくてすまない。でも、仕事で忙しいんだ。わかってほしい」
　彼女　：「そんな……仕事で忙しいのはわかってるよ。でも、連絡とれないのってつらいよ。私、彼女なんだよ」
　あなた：「俺だって心に余裕がないんだ。わかってくれ」
　彼女　：「私だって、心に余裕がなくなってきてるの。わかってるでしょ。どうしてそんなこと言うの……」

　相手に「わかってくれ」と説得する場合、かなりの確率で何か相手に負担を強いようとしている。「わかってくれ」という前に、わかってもらえる状況を作り出すことが大切だ。相手の気持ちを察しながら落としどころを探すくらいは、大人の男ならできるはずである。

第5章　顧客満足の条件

《経営戦略的解説》

　新規の顧客を開拓するよりも、すでに顧客になっている人に追加で商品を買ってもらう方が簡単である。恋人も同じで、一人の人と長期で付き合う方が、新しい恋人をつかまえるよりも労力が少なくて済むし、むしろ幸せになることの方が多い。

　しかし、付き合いが始まると、そのうちに危機というものが訪れる。その危機を乗り越えなければ、そのまま別れに発展してしまう。その危機の中でも一番多いのが、「彼女が少し愚痴っぽくなってくる」というものである。

　愚痴には、いろいろな種類がある。同棲しているときにありがちなのが、「私ばっかり片付けしている」というものである。こういうことを言う女性に対しては、自分から（言われる前に）片付けをしたり家事をしたりすると、「あ、そんなにいっぱいやらなくてもいいよ。悪いし……」というように、すぐに収まりがつくものである。

　ほかにも「昔と違って、どこにも連れていってくれなくなったね」とか「もっとメールしてよ」といったものがある。
　これらは、ほとんどが「××して欲しい」という女性の心の叫びである。ただ、女性は「××して欲しい」というような直接のお願い事が苦手である。
　「あれして欲しい」「これして欲しい」というワガママを、飲み込んでいる。この飲み込んだ言葉が、消化不良になってしまうと愚痴となって出てくるのだ。どんな女性にもこういう症状はある。付き合い始めた後のフォロー

を欠かさないのが、付き合う上での常識である。

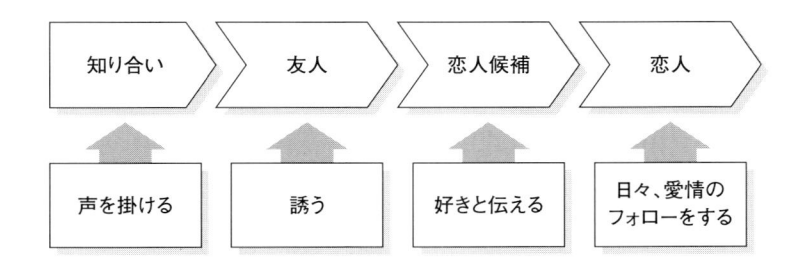

```
知り合い → 友人 → 恋人候補 → 恋人
   ↑        ↑       ↑          ↑
声を掛ける  誘う   好きと伝える  日々、愛情の
                              フォローをする
```

　付き合う前に、付き合ってもらえるように力を注いだのと同様に、付き合い始めた後も継続して力を注ぎ続けなければ、長期の関係を維持できないのである。

　しかし、男性は狩猟（彼女を獲得するまで）に関しては精神や力を集中するが、維持・メンテナンスに関しては無関心になりがちである。これが、カップル不仲の原因となることが非常に多い。

「今までやってくれていたのに、付き合ったら急に何もしてくれなくなった」

　これは、女性からしたら詐欺と同じである。そこで、女性は彼氏が詐欺師ではないと信じるために、「愛情の証明」を求める。これが、付き合い始めてしばらくするとケンカが起こりやすくなる原因である。

「愛情の証明」の欲しがり方について、よくあるパターンには、"愚痴を言うようになる"「かまってくれないと別れるよ」というように"試すようになる""急に機嫌が悪くなる"といったものがある。

第5章　顧客満足の条件

新しい客よりも、今いる客を大切に

　ところで、ある銀行が顧客の分類を行った。Ａという顧客は、利息をきっちりと払ってくれている。Ｂという顧客は、取引のメインにその銀行を使ってくれていて、手数料もたくさん払ってくれている。Ｃという顧客は、大金を預けてくれてはいるが、あまり銀行を利用していない。

　銀行の窓口担当者にこの資料を見せたところ、行員はビックリした。いつも窓口に来ていて、じっくり話し込んでいくＡという顧客は、ＶＩＰルームに通すようにしていた。しかし、実は「それほど大事にしなくてもよい顧客」であったからである。
　反対に、窓口には滅多に来ないが、銀行を何度も利用してくれ、手数料もたくさん払っているＢという顧客に対しては、ＶＩＰルームに通さずほかの客と同じ対応をしているだけであった。

　日常の経験や勘だけで、誰が重要顧客で誰が重要顧客でないかを判断すると、対応を間違ってしまうことがある。これをまさに証明した調査結果であった。

　ところで、このような調査をしたのには背景がある。「新規顧客開拓コストは、既存顧客の維持コストの３倍かかる」ということが、企業経営でよく言われている。その既存顧客の維持コストを把握するための調査の一環で、こういった事実が浮かび上がってきたのだ。

CRM (Customer Relationship Management) | Chapter 12

[グラフ：新規顧客開拓と既存顧客維持のコスト比較]
新規顧客開拓コストは、既存顧客の維持コストの3倍かかる

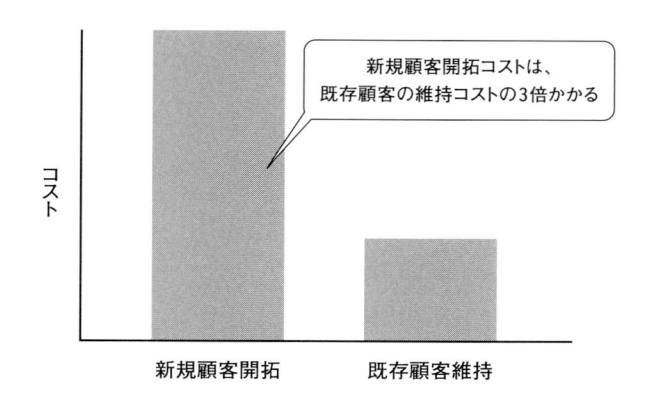

　実際のところ、新規顧客開拓コストは業界によっても大きく異なる。ただし、一つ言えることは、ほとんどの場合「新規顧客開拓コストに比べて、既存顧客維持コストの方が少なくて済む」ということである。既存顧客のメンテナンスに企業が力を入れているのも、新規の顧客をつかまえる以上に顧客維持を図る方が効率がよいということに気づいているからだ。

　このような事実に基づき、顧客との関係性を元にアプローチ方法を分けていこうとするのがCRM (Customer Relationship Management)、顧客関係性管理である。
　例えば、新規の顧客よりも既存顧客に対して優遇し、既存顧客に再度買ってもらう方向に進めた方が企業としてもメリットが大きい。既存顧客と新規の顧客に違ったアプローチをし、既存顧客の満足をさらに高めるというような戦略を採るのである。

第5章　顧客満足の条件

　現在、既存顧客維持に向けて、さまざまな企業が力を入れている。例えば、パソコン。今までは、パソコン本体にサポートの連絡先のシールを貼り付けるということはなかった。そのようなことをしたら、サポート電話がパンクしてしまうからだ。

　しかし、現在ではサポート電話番号の書いてあるシールがパソコンの横に貼られることは当たり前になった。パソコンは高価格で、なおかつ買い替えが多い商品。

　既存顧客をつかまえておけば、次の売り上げにつながると企業が悟ったのだ。

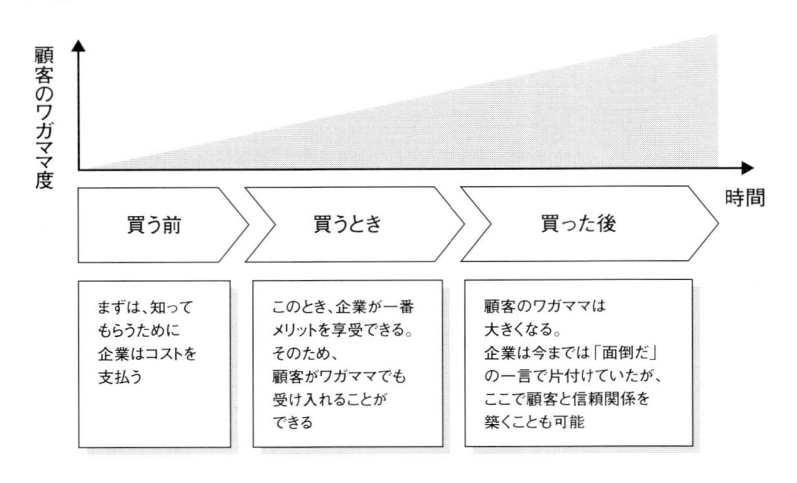

```
顧客のワガママ度 ↑                              → 時間

[買う前] ▶ [買うとき] ▶ [買った後]

買う前:
まずは、知って
もらうために
企業はコストを
支払う

買うとき:
このとき、企業が一番
メリットを享受できる。
そのため、
顧客がワガママでも
受け入れることが
できる

買った後:
顧客のワガママは
大きくなる。
企業は今までは「面倒だ」
の一言で片付けていたが、
ここで顧客と信頼関係を
築くことも可能
```

　さらに、顧客の分類分けを行っているうちに、以下のことに気づいた企業も多い。少数の優良顧客が企業の利益の大部分をもたらしているという事実である。

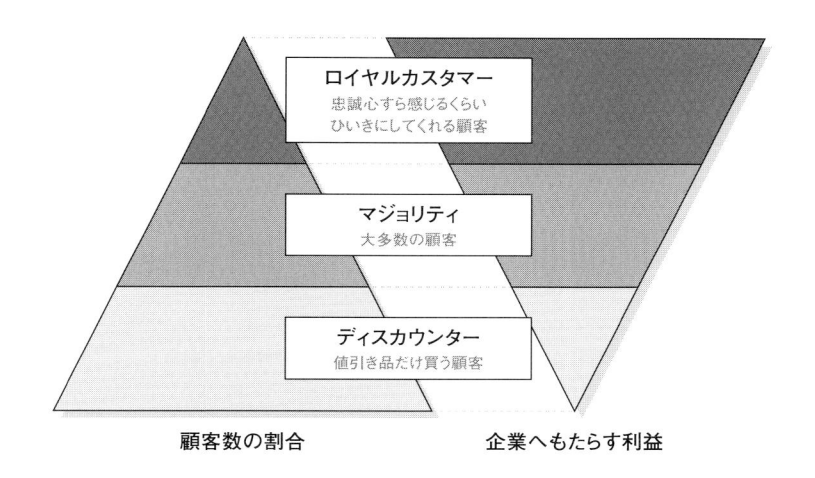

CRM (Customer Relationship Management) | Chapter 12

```
         ロイヤルカスタマー
         忠誠心すら感じるくらい
         ひいきにしてくれる顧客

           マジョリティ
           大多数の顧客

          ディスカウンター
          値引き品だけ買う顧客

顧客数の割合              企業へもたらす利益
```

　スーパーを例に考えてみればわかりやすい。安いものだけを狙って買いに来る客（ディスカウンター）はほとんどスーパーに利益をもたらさない。それよりも、常に自分のスーパーを使ってくれる顧客（ロイヤルカスタマー）が利益をもたらしてくれているのである。そのことに気づいた企業は、安いものだけを買う顧客より、いつも使ってくれている顧客に対して割引特典をつけるといったメリットを提供するようにして、さらに顧客との関係性を高めているのだ。

関係性マーケティング

　恋愛においても、優良顧客が目の前にいるということをつい忘れがちだ。特に、男性は付き合いが長くなると優良顧客である彼女を大切にするのを

第5章　顧客満足の条件

怠ってしまう。男性は身内に近ければ近いほど、優先順位を低くしてしまう傾向があるからだ。

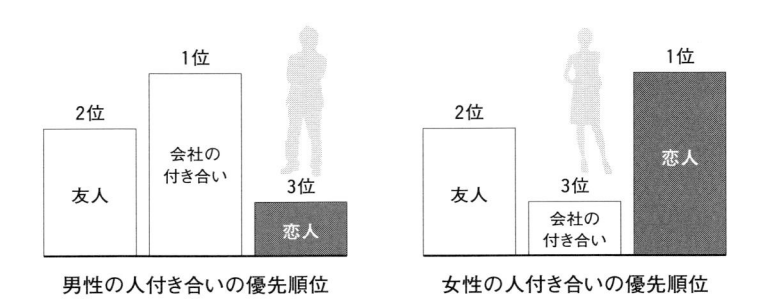

```
男性の人付き合いの優先順位
2位: 友人
1位: 会社の付き合い
3位: 恋人

女性の人付き合いの優先順位
2位: 友人
3位: 会社の付き合い
1位: 恋人
```
(著者のヒアリング結果より)

しかし、女性はそうではない。付き合っている「大事な人」なのだから、優先順位は高くて当たり前、という考え方をしている。女性は、付き合い始めた後のメンテナンスを重要視しているのだ。

付き合うまでの努力に比べると、付き合い始めた後のメンテナンスの方が少なくて済む。ビジネスと同じで、彼女獲得コストほどは、彼女維持コストはかからない。そのことを忘れず、常にメンテナンスをすることによって、彼女との関係性をより高めていくことが可能となる。

彼女が警告アラームを出すタイミングも、ビジネスの世界に似ている。顧客が怒り出すのは、「せっかく高い金を出して買ったのに、何もサポートしてくれない」というときである。

女性からしてもそれは同じ。
「せっかく付き合うようになったのに、彼氏がどこにも連れていってくれない」というような場合である。

人は、手に入れたものが自分に幸福をもたらしてくれると信じている。女性が彼をGETしたときも例外ではない。彼が自分に幸福をもたらしてくれると信じているのだ。その女性の願いは正当なものである。なぜなら、男性自身も同じように願っているのだから。

大切な彼女のささやかな願いを、是非ともかなえてあげて欲しい。

応用問題

付き合っている女性がいる場合、彼女が不満に感じていると思うことを3つ以上述べよ。
また、その彼女の不満に対しての対応策を述べよ。

Chapter 13

何よりも、自分の行動指針がすべての始まりである

理念

　売りたいと思って行動しても、なかなか売れない。モテたいと思って行動してもなかなかモテない。なぜなら「売りたい」や「モテたい」は自分のための行動だからである。相手のためを思って行動すれば、自ずと結果が出るようになる。その、相手のことを思って行動する行動指針こそ「理念」である。

《Q 13》

　あなたは、服装をそこそこおしゃれに変えた。そして、女性との接し方も改善した。しかし、モテない!!　なぜ自分がモテないのか、周りの女友達に聞いてみた。
「なあ、俺なかなか彼女できないんだけど、どうしてだと思う？」
　女友達からは以下のような回答があった。
「コンパとかで、目がギラギラしてるもん。そりゃ女の子は怖がるよ」
　そうか、俺は焦っていたんだ。あなたは、自分で納得する。でも、がんばらなきゃ彼女ってできないと思う。俺の本質はひきこもりなんだし……。自問自答を繰り返す。がんばったら、「ギラギラしてる」って言われる自分って……。そもそも、俺のどこがおかしかったのだろう。

① 話し方のテクニックや仕草がまだ完璧ではない。もっと修業をしておくべきだった。
② がんばりすぎたのがいけなかった。多少消極的になってもいいと思って、心を落ち着かせるべきだった。
③ モテたいという考えがいけなかった。自分が女性に何ができるかという考え方をするべきだった。

ダメなことがある場合、根本的な原因をつぶさなければ、いつまでたっても同じことを繰り返してしまう。今回の失敗の"真の原因"とは、いったい何だったのだろうか。

Column #009

ハイヒールは疲れる

あなたはハイヒールを履いたことはあるだろうか。おそらく、ほとんどの男性は「ない」と答えるだろう。このハイヒールを、著者が講演を行うときによく男性に履いて立っていてもらうようにしている。すると、30分でほとんどの男性は足がガクガクしてくる。ハイヒールは大の男が履いても、それほどまでにしんどいものなのだ。それを女性が履いているのである。「キレイになりたい」という自分の心に従って、女性はそのハイヒールの苦痛に耐えている。これでもう、あなたはハイヒールの女性とデートをしたときには、こまめに喫茶店で休憩をした方がよいとわかったはずだ。ハイヒールを履いた女性とデートするときには、常に休憩場所がないか、気にしておいた方がよいだろう。

第5章　顧客満足の条件

《A13》

→正解は③　モテたいという考えがいけなかった。自分が女性に何ができるかという考え方をするべきだった　である。

　今回の失敗の"真の原因"とは、自分の考え方そのものが間違っていたことである。彼女が欲しい、とかモテたいという考えで行動すると、どうしても「ギラギラ」した目をしてしまうし、いやらしい雰囲気を醸し出してしまうものである。

① 話し方のテクニックや仕草がまだ完璧ではない。もっと修業をしておくべきだった。

　確かに、まだまだテクニックや仕草が完璧ではなかったかもしれない。しかし、彼女を欲しがって焦っているように見えるのは、心のありかたの問題に帰するところが大きい。今回は、心理面に目を向けて考えてみよう。

　【想定されるシチュエーション】
　あなた：「よし、会話の内容が悪かったんだな。次からはもっと笑い話を入れていくぞ！！」
　男友達：「え、おまえまだ気付いてないの？　おまえって女を見てるとき、なんだかエロい顔になってるぞ」
　あなた：「え、エロい顔？　そんないやらしそうに見えた？」

男友達：「うん。もっと余裕を持って女と話した方がイイぞ」

　テクニックをいくら学んでも、自分に余裕を作ることはできない。心に余裕を持つには、その心に注目する必要がある。

② がんばりすぎたのがいけなかった。多少消極的になってもいいと思って、心を落ち着かせるべきだった。

　消極的になったら、行動を起こさないようになってしまう。やる気になること自体はよいことである。ただ、そのやる気になる根本的なところに誤りがあるのだ。今回は、がんばりすぎたところが悪いわけではない。がんばる方向性が間違っていただけである。なぜ、失敗したのかを再度考え直してみた方がよいだろう。

【想定されるシチュエーション】
　あなた：（前回は、調子に乗りすぎたなぁ。今回は静かに行くぞ）
　　　　　「あの、その、ごにょごにょ」
　相手の女性：「え？　なんですか？」
　あなた：「その、前回ははしゃぎすぎてすみません」
　相手の女性：「いえ、気にしていないですよ」
　　　　　（なんか、急に態度が変わったなぁ。二重人格みたいで怖いな）

失敗の本質を理解せずに、表面上だけ直そうとすると、違う失敗（ただし、失敗の真の原因は同じもの）をやってしまうことになるのである。

③ モテたいという考えがいけなかった。自分が女性に何ができるかという考え方をするべきだった。

今回の正解は、この選択肢である。モテたいと思えば思うほど、彼女が欲しいと思えば思うほど、心に余裕がなくなってしまう。なぜなら、「モテたい」と思うと、必要以上に「女性に自分のいいところを見せよう」と思って空回りしてしまうからである。

こういう男性を見ると、女性は「なんだか、自分ばっかりがんばろうとしていて私のことを考えていない」とか「焦っていて怖い」と思うことになる。

最初の「モテたい！」とか「彼女が欲しい」という思考そのものが失敗の元だったのである。

失敗の原因

| モテたい
彼女が欲しい | → | 自分のいいところを
女性に見せようと、
がんばる | → | 女性に「ギラギラ
している」「焦っている」
と思われる |

成功する原因

| せっかく会えた相手
だから、楽しんでもら
おうと考える | → | 女性に楽しんでもら
おうと努力する | → | 女性から「この人は
感じのいい人」と思
われる |

成功するためには、「相手に楽しんでもらおう」という思考に切り替えることが、何より大切なのである。

【想定されるシチュエーション】
あなた：（よし、考え方を「楽しんでもらう」に変えるぞ！！　あ、彼女のコップが空いてる）「ちょっとウェイターさん」
相手の女性：「ありがとうございます」（私のこと気にかけてくれているんだ）
あなた：「そういえば、歌舞伎をよく見に行くって言ってましたね。歌舞伎ってよくわからないので、教えてくださいね」
相手の女性：「はい、いいですよ。歌舞伎ってね、難しく考えるんじゃなくて……」
（彼女は自分に興味のある内容なので、楽しげに話をする）

「楽しんでもらおう」という基本理念で行動をすると、女性は「私のことを考えてくれている、いい人だ」と感じるのである。

《経営戦略的解説》

自分の行動を決めるものは、欲望と理念である。欲望については、いったん置いておこう。理念や目的によって進むべき方向性が明確になる。人間は、理念や目的に沿った行動内容を決定し、実際に行動していくものであ

る。最初の理念の部分で間違ってしまうと、行動も間違ったものになってしまうのだ。

　少し言葉を言い換えてみよう。理念や目的によって、進むべき方向性が決まる。次に、理念や目的を実現するための効果的な方法、つまり「戦略」を考える。そして、戦略を実施する。

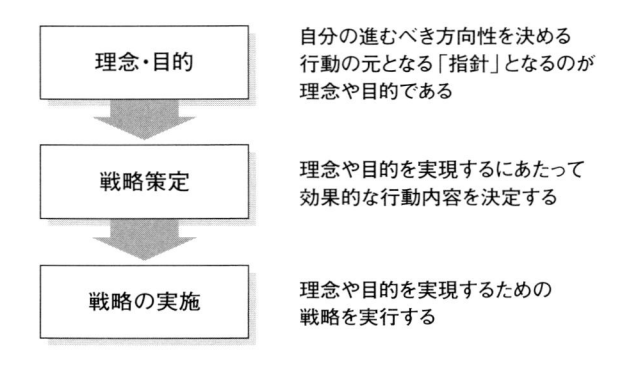

理念・目的	自分の進むべき方向性を決める 行動の元となる「指針」となるのが 理念や目的である
↓	
戦略策定	理念や目的を実現するにあたって 効果的な行動内容を決定する
↓	
戦略の実施	理念や目的を実現するための 戦略を実行する

　女性を攻略するには、戦略を実行する以前の段階で、理念や目的を見誤らないようにすることが必要である。理念や目的が間違ったまま戦略的に行動しても、よい成果には結びつかないのだ。

　恋愛における理念の考え方は、簡単である。「**相手が幸せになれるのか**」という視点で確認をするだけである。「相手を楽しませたい」「女性に喜んでもらいたい」こういったものが正しい理念となる。
　理念は「与える」ものでなければ、失敗してしまう。「モテたい」や「彼女が欲しい」という理念は「もらう」をベースに考えている。相手に与えるの

ではなく、自分がどんなものが欲しいかを考えているだけである。これは、理念ではない。「欲望」である。欲望そのものをぶつけられても、女性にとっては、迷惑としか言いようがない。

女性にしてみれば、「私のためを思ってくれずに、自分が欲しいことばかり言っている」と感じてしまうからである。

モテたいという欲望や、彼女が欲しいという欲望があること自体は全く問題ない。しかし、それとは別に、「相手に喜んでもらいたい」という理念を立て、それに沿った行動をしていくことが大切なのである。

企業理念

「お金を儲ける」

このような理念を掲げている会社はない。たとえあったとしても、そのような会社は成長することはないだろう。なぜなら、「お金を儲ける」は欲望だからだ。理念とは行動の指針、方向付けを行うものである。

「お金を儲ける」ことを行動指針にしてしまった場合、「お金を儲けるにはどうしたらよいか？」という思考の元に仕事をすることになってしまう。

結果、「お金を儲けるためには、多少顧客に迷惑をかけてもよい」という考えに陥ってしまう。次第に、企業内部に問題やグレーゾーンが増えていく。ついには、問題が表出化したり、グレーゾーンがブラックであると判定

され、顧客にも社会にも受け入れてもらえない企業になってしまう。そうなることが目に見えているので、企業理念は必ず、顧客や社会に目を向けたものになっているのである。

少し、各企業の経営理念（またはキャッチフレーズ）を見てみよう。

企業名	企業理念・企業のキャッチフレーズ
トヨタ	モノづくり、車づくりを通して、皆様とともに豊かな社会創りを
アサヒビール	アサヒビールグループは、最高の品質と心のこもった行動を通じて、お客様の満足を追求し、世界の人々の健康で豊かな社会の実現に貢献します
コクヨ	商品を通じて世の中の役に立つ
新日鐵	新日鐵グループは、鉄事業を中核として、豊かな価値の創造・提供を通じ、産業の発展と人々の暮らしに貢献します
富士通	お客様の夢　私たちの夢をかたちにします

（各社ホームページより）

ここに挙げた例のすべてが、顧客や社会の方向を向いている。お金が儲かるのは、あくまで理念を通じた行動の結果なのである。

筆者は経営コンサルタントをしているので、企業の社長に会うことが多い。社長たちがよく口にする言葉にこんなものがある。
「どうすればよいのかわからないと悩んだとき、理念を思い出す。理念に立ち戻って考えれば、何をすればよいかが自ずと見えてくる」
理念は、行動を決める大前提なのである。

実際の企業の戦略策定プロセスも、理念を元に戦略を策定するようになっている。まず、理念やビジョンからすべてが始まる。そして、自社のよいところや悪いところ、周りの会社や市場環境を分析する。

そして、戦うべき土俵を決める。最後に、戦略（狭義の意味での戦略）を決めるのである。

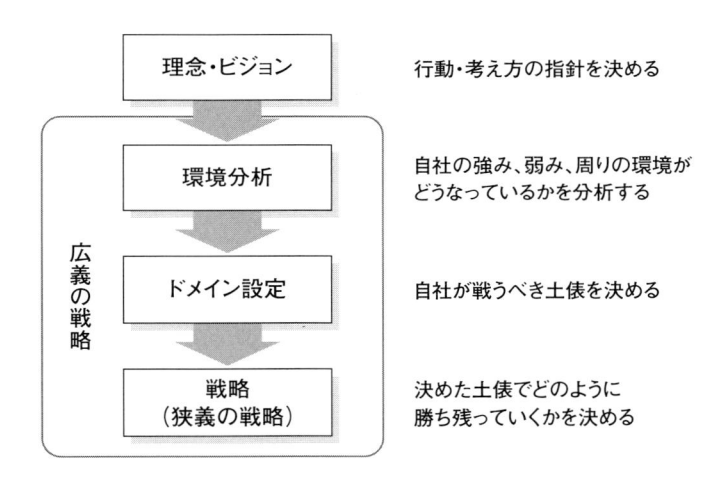

理念・ビジョン	行動・考え方の指針を決める
環境分析	自社の強み、弱み、周りの環境がどうなっているかを分析する
ドメイン設定	自社が戦うべき土俵を決める
戦略（狭義の戦略）	決めた土俵でどのように勝ち残っていくかを決める

※環境分析・ドメイン設定・戦略（狭義の戦略）が「広義の戦略」

ちなみに、本書で「戦略」と書いてある場合、広義の意味で戦略と記述している。例えば、ブルーオーシャン戦略（→P.64）はドメインの設定（どういう市場で戦うか）から狭義の意味の戦略（どうやってその市場で勝利を収めるか）までを含んでいる。

企業戦略の根本には、企業理念が存在する。企業理念には「顧客に幸せ

になってもらいたい」というような意味合いが必ず入っている。戦略は、その理念を実行するための手段にすぎない。だからこそ、根本にある企業理念が重要なのである。

単に「お金を儲ければいいじゃないか」というような欲望を理念に据えてしまうと、失敗してしまうのは当然である。企業の収益は外部（顧客）からしか入ってこないし、顧客に何らかの価値を提供しなければ、収益は上げられないのだから。

恋愛理念

恋愛においても、理念が大切である。しかし、「欲望」を理念に設定するのは厳禁だ。「モテたい」「彼女が欲しい」という理念から行動を起こした場合、女性からどのように受け取られるであろうか。

女性からはこのように思われてしまう。

「モテたくて自分の話ばかりしてるのかもしれないけど、私の内面を見ようとはしてくれないのね」

「私を大事にしたいんじゃなくて、単に彼女が欲しいだけなのね」

これでは、失敗は確実である。

成功するための方法は、本当に単純で簡単なことである。

理念を「相手に楽しんでもらう」とか「相手を幸せにする」というものにしてしまえばいい。そして、この理念を自分の行動の指針にすればよいだけである。行動の指針である理念を上記のように設定できれば、何か行動を

起こすときに、「彼女は楽しんでくれているか?」とか「彼女はこれで楽しめるか?」と自分に問いかけることができるようになる。

　行動の一つ一つにそのような理念が反映されてきたら、女性は自然と気づくようになる。

「ああ、私を楽しませようとしてくれているのね」

「まだ、マナーは完璧とは言えないかもしれないけど、大事に思ってくれているんだ。それだけでうれしい」

　なぜなら、女性は男性を注意深く観察し、多くの男性の中から自分の恋人を選ぶからだ。選ぶ立場にある女性は、観察力に優れているからこそ、あなたの恋愛理念に自然に気づくことができる。反対に、欲望を理念に据えている場合でも、バレてしまうのだ。

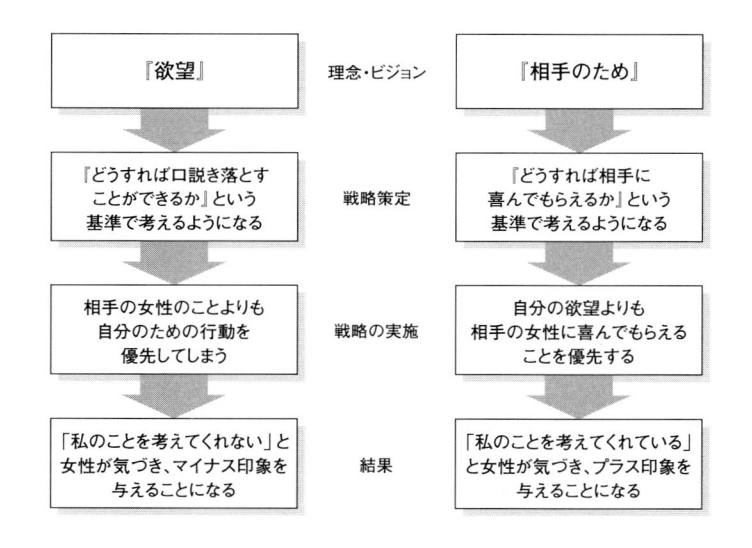

『欲望』	理念・ビジョン	『相手のため』
『どうすれば口説き落とすことができるか』という基準で考えるようになる	戦略策定	『どうすれば相手に喜んでもらえるか』という基準で考えるようになる
相手の女性のことよりも自分のための行動を優先してしまう	戦略の実施	自分の欲望よりも相手の女性に喜んでもらえることを優先する
「私のことを考えてくれない」と女性が気づき、マイナス印象を与えることになる	結果	「私のことを考えてくれている」と女性が気づき、プラス印象を与えることになる

あなたは、「既婚者はモテる」という話を聞いたことがあるかもしれない。既婚者がモテる理由は、「モテたい」とか「彼女が欲しい」と考えないからである。女性が困っていたら、「助けてあげよう」と純粋に考えることができる。

既婚者は「彼女を助けて、俺をPRしよう」という考え方をあまりしないものだ。だからこそ、既婚者はモテるのである。

欲望ではなく、「相手のため」を理念に据える。その理念をベースに行動を確認していくだけ。それだけで、女性の好感度が一気に上がるのである。

応用問題

今後、自分が女性に接する上で、行動指針とする"理念"を一つ設定せよ。その理念に「相手のため」というニュアンスが含まれていることを確認し、今後はその理念に従って行動することを自分に向かって宣言せよ。

ア

▶ アウトソーシング
外部に仕事を委託すること。外注というと戦略的意味合いが薄くなるので、アウトソーシングといって「戦略的にやっている」ということをアピールするときに使う。

▶ 天下り
公務員が退職するときに、関係のある企業や公益法人などの幹部職として再就職することを指す。天下り先の企業としても、仕事を安定的にもらうために仕方なく受け入れることが多い。

▶ アントレプレナーシップ
起業家精神のことを指す。「俺、今からベンチャー企業を立ち上げるぜ」という人を褒めるときに「あの人はアントレプレナーシップがあるね」という言い方をする。

▶ 暗黙知・形式知
文書や言葉に表すことができる知識を形式知という。反対に、文書や言葉に表すことができない知識を暗黙知という。コツや職人のノウハウが暗黙知。暗黙知もある程度は形式知に変換できるが、すべてできるわけではない。また、形式知に変換するには多大な作業が必要になる。ノウハウを共有するために形式知を溜めようとする企業は多いが、失敗することが多いのは、暗黙知の形式知化の作業負担が大きいからである。

▶ 意思決定
とるべき行動を選択すること。「意思決定の迅速化に努める」とは、早く決定ができるようにするという意味である。ただし「意思決定の迅速化」の裏の意味には「意思決定に使うための情報を早く集める」ということも含まれる。管理者は現場が見えていないことが多いため、現場の情報を集めようとする。ただし、現場を見て現場の状況をつかむにはそれなりのスキルと時間が必要なので、誰が見てもわかる現場情報を集めたいと思う。そのため、現場の人が面倒だと思いつつも、上層部に見せるための資料（これが意思決定のための情報となる）を作成し、提出するという作業が発生することになる。

▶ 意思決定のプロセス
サイモンは、意思決定のプロセスを「情報収集」→「代替案の模索（いろいろなのアイデアも考える）」→「代替案の評価（それぞれのアイデアがよいか悪いかを考える）」→「選択（一番よいアイデアを選ぶ）」→「実施（アイデアを実行する）」→「結果のフィードバック（実行結果を見て、ダメならダメで対策をとる）」という一連のプロセスである、と言った。（括弧内についてはサイモンは言ってない）実際の意思決定も、このプロセスに沿ってやった方がよい。手順を飛ばすと失敗する原因となってしまう。

▶ イノベーション
何かが著しく進歩することを指す。すごい商品が現れた場合「商品のイノベーションが起こった」と言う。また、生産管理方式が大きく変わった場合にも「生産管理の世界にイノベーションが起こった」と言う。企業はこのイノベーションを繰り返さなければ、滅びてしまう。なぜなら、他の企業がどんどん進化していくからである。

▶ インキュベーション
起業は正直かなり負担がかかる。その起業のお

手伝いをするのがインキュベーション。起業が上手くいくようにサポートすることを指す。Googleで「インキュベーションオフィス」と検索すると、安いオフィスが見つかる。国や地方自治体もインキュベーションに力を入れているので、起業するときにはインキュベーションを使うと何かと役立つ。

▶ インサイダー取引

企業内部の公開前の情報をつかんで、それをもって株取引などをすることを指す。基本的に違法なのでやってはいけない。

▶ 売れ筋商品

その名の通りよく売れる商品である。逆の意味が死に筋商品。この売れ筋商品が欠品すると「機会損失」(売れるはずだったのに売れなかったので、結果的に損をしている状態)となる。ただし、売れ筋商品だけを店頭に並べておくと、なぜか商品が売れなくなってしまう。買い手の心理としては「いろいろな商品の中から選んだ結果、この商品を買うことになった」とならないと満足しないからである。

▶ 運転資金

会社が日々存続するために必要とされる資金。製造業はものを買ってから売るというプロセスをとるので、出費が最初に必要となる。黒字倒産が起きるのは、最初に出費があるため、出費の量がかさみすぎるから。ちなみに小売業は、仕入れを「ツケ」で行い、販売時はすぐにお金がもらえるので、運転資金を真面目に考えなくても済む場合が多い。小売業が一気に大きくなれるのは、黒字倒産が起きにくいからでもあったりする。

▶ エンプロイヤビリティ

雇ってもらえる能力の高さを示す。「エンプロイヤビリティが高いね」と言われたら、「君、転職してもやっていけるね」と言われたと解釈するとよい。リストラが増えたり、会社がつぶれるのが当然の社会になってきたために生まれてきた単語である。

▶ おとり商品

「卵1パック10円！」という感じで、赤字覚悟の商品のこと。このおとり商品をチラシに載せたりして、顧客に店に来てもらう。おとり商品ばっかり買う客はバーゲンハンターと言われ、お店に嫌われていたりする。

▶ オフ・バランス

固定資産を持っていると、資産として決算書に書かないといけなくなる。この資産を決算書に書かないようにするテクニックをオフ・バランスと言う。あまりにオフ・バランスをやりすぎると、会社の業績がわからなくなってしまう。ヘッジ取引をしても、資産をオフ・バランス化できたりする。ヘッジ取引が嫌われている理由の一つがオフ・バランスの問題だったりする。

カ

▶ 開業率・廃業率

日本では、開業率より廃業率の方が高い状態となっている(2006年版中小企業白書より)。つまり、会社の数はどんどん減っている。このまま行くとどうなるのか心配…ということで、国や地方公共団体は創業に関してはそこそこ手助けをしようとしている。といっても、国が絡むと手続きが面倒なことが多いので、使いづらい政策も多い。

▶ 会計
会社をお金という指標で表現するためのツール。「俺、会計知ってるんだぜ」と言えるようになると、バリバリのビジネスパーソンと見られることもある。ちなみに、筆者は「3日で受かる簿記3級」の講座を受けて、会計を勉強した。本当に3日の勉強で簿記3級がとれたのは本人も驚いているが事実である。（注）簿記3級のテストも含めると、合計4日かかった。

▶ 会社
作るのに10万円から50万円くらいが必要な団体。会社を持っていると「社長」と呼ばれるようになる。でも、個人事業主で「社長」と名乗っても法律違反にはならないので、会社を持たない社長も世の中には結構多い。代表取締役は会社を持っている場合に使用する。

▶ 外注
お仕事を自社以外の人にお任せしてしまうこと。正直、管理が難しい。人間、人に成果を持っていかれる場合には手を抜いてしまう傾向がある。外注にはそういったリスクがたくさん潜んでいるので、やる場合には注意しなければならない。

▶ 買い回り品
そこそこ考えてから買うものを言う。服やゲームは買い回り品の一つ。下見をされることが多いので、事前に細かい告知をしていくことが買ってもらえるポイント。ちなみに、あまり何も考えずに買うもの（洗剤、トイレットペーパー）は最寄り品と言われる。

▶ 科学的管理法
数十年前の経営学といえば、科学的管理法だった。機械がまだ幅をきかせていなかったので、人間をいかに効率的に使うかという視点でできた学問。作業効率の改善に使われている。

▶ 格付け
企業の支払利息や、株価を決定する大きな要因。よい格付けをもらえると、利息が安くなったり、株価が上がったりする。「つぶれそうか、つぶれなさそうか」という視点で格付けされる。商品の品質といったものとは関係ないのが格付けのすごいところである。

▶ 寡占・独占
1つの会社で市場を占領すると独占といわれる。2、3社でやると、寡占と言われる。
どちらも、やりすぎると公正取引委員会という怖い団体から怒られてしまう。

▶ 価値工学（Value Engineering）
労力とかコストに対して、最大限に価値を見出していこうという考え方。生産部門でよく使われる言葉ではあるが、なぜか営業部門では使われない。営業部門からすると、「世の中、売ってなんぼじゃ」ということらしい。

▶ カテゴリー・キラー
スーパーや百貨店のようにいろいろなものをたくさん置くというのではなくて、カテゴリーを絞った商品をたくさん置くことを指す。秋葉原や大阪の日本橋は町全体がカテゴリー・キラーになっている。

▶ ガバナンス
日本語にすると企業統治。日本語にした方が

意味がわかりづらくなってしまう用語である。企業内部でおかしなことをされないようにすることをいう。セクハラ対策や、交通費のちょろまかしチェックもガバナンスに含まれる。

▶ 株価

経営者の仕事を増やす一つの要因。株価が下がると経営者が怒られる。結局株主は、株という形で企業にお金を貸しているようなものである。企業としては株を買ってもらった瞬間に「お金をもらえた」と感じがちであるが、株価が下がってくると株主に怒られるので「株を売るってことは、お金を借りるのと同じような意味なんだな」と経営者は感じるようになる。

▶ 株主総会

株主と経営者が話し合う場。といっても、実際に話し合いをすると収拾がつかなくなるので、「YESかNOに投票してください」で終わることが多い。6月末になると、企業が株主総会を一斉にやることがある。昔は総会屋といわれる人たちが、株主総会で暴れていたので、時期を一緒にして総会屋が暴れにくいような対策をしていた。

▶ 監査

上場企業は公認会計士による会計監査を受けなければならない。監査報告書をじっくり読むと「ここの点はいまいちだけど、まあ全体的には大丈夫だよ」という結果に落ち着くことが多い。最近はこの監査をもっとしっかりやっていこうという気運が高まっている。

▶ カントリー・リスク

××国は日本人が嫌いだから商売がやりにくいとか、××国は政府に賄賂が必要だとか、××国は全国民が遅刻して当たり前と思っているとか、そういう国によってできるリスクをカントリー・リスクという。国外展開するときには、その国の専門家に話を聞いてからにしないと、ほとんどの場合、失敗してしまう。

▶ カンパニー制

部門を1つの会社のように扱う組織の運営方法。「本当に会社にしてしまえばいいんじゃないの？」という意見もあるが、分社化すると税金面などさまざまな面で費用がかかる可能性があるので、社内カンパニーにしている。

▶ 管理会計

社内で評価するための指標。外部の人を評価する必要がないので、大企業以外はやっていないことが多い。会社全体で発生するコスト（電気代、水道代、利息）をどの部門の責任にするかで自部門の評価が変わってくるので、もめることが多い。

▶ 管理サイクル

PDCA（Plan-Do-Check-Action）サイクルとも言われる。何かやるときには、しっかりと計画（Plan）してから実行（Do）しようよ。やったあとには上手くいったか確認（Check）をして、問題点を改善（Action）しようよ、という考え方。優秀な企業は、自然にこのPDCAのサイクルが回るようになっている。やりっ放しではなくて、やった後に改善するのが大切だと、このPDCAサイクルは教えてくれている。

▶ 官僚制

大規模な組織を運営するために、専門ごとに

縦割りにした組織構造。組織を作った当初は上手く動くが、時間がたつと部門間の連携はとらない、自部門の作業以外はやらない、といったダメな方向に動いていくことが多い。

▶ 規制緩和

従来できなかったことができるようになるので、ビジネス・チャンスが増える。規制緩和の裏側では、政治家に多大な献金をしている企業が存在する。政治家のパーティ券は1枚5万円など、高いものが多い。政治家はパーティという形で企業や個人からお金を集め、規制を緩和させる法律を作っていく。もちろん、献金とは関係なしでできた規制緩和もある。

▶ 規模の経済

規模が大きくなったら、同じような作業は集約できるから、コストも安くなって利益も上がるだろうという考え方。実際、ある程度の規模になるまでは規模の経済は働く。ところが、ある程度の規模を超えると、規模の経済が働かなくなることが多い。チェーン店が最初はおいしい料理を出していたのに、規模が大きくなるにつれて料理がまずくなるのは、規模の経済が働かなくなったのが理由。価格を上げると消費者が来てくれなくなるので、仕方なく品質を落とすことになり、料理がまずくなる。規模の経済が働かなくなる理由は、組織間の意思疎通に時間や金が発生するようになるからである（部門を超えて日常的に話せる間柄という状態でなくなってしまうと、効率化が止まってしまう）。

▶ キャッシュフロー

お金の流れ。「キャッシュフローが改善した」という使い方をする。

▶ キャッシュ・マネジメント・システム

現金や預金が散らばっていて、複数の管理をしていると「予備のお金」がたくさん必要になる。この予備のお金には「利息」がかかっているのでもったいない。このお金をいったん集約して、予備のお金を減らすことによって、利息の支払いを減らそうという仕組み。

▶ キャリア・パス

「プログラマからシステムエンジニアになって、将来はITコンサルタントになる」というように、キャリアの道筋をしっかり作っておくこと。行き当たりばったりで仕事に取り組むと、どうしてもやる気がなくなるし、未来に向けての勉強もおろそかになってしまう。自分の行きたい方向と今の自分との隔たりをどう乗り越えるかの手順を考えることを「キャリア・パスを考える」と言う。

▶ 競争戦略

ライバルがいるなかで、上手く勝つための戦略。

▶ 虚業

人や周りの企業の役に立たない仕事を指す。役立つ方の仕事は「実業」と呼ばれている。実際にはどんな企業にも実業部分と虚業部分が存在する。JASRAC（社団法人日本音楽著作権協会）の場合は、著作権を守ろうとする実業部分もあるが、著作権使用料をしっかりと配分できていないところや、著作権使用料の徴収に力を入れすぎて実際の音楽を広める部分でマイナス要因を与えるという虚業部分が存在する。虚業は規制の多いところに存在しやすいのが特徴である。

▶ 銀行

商品が「お金を貸すこと」という不思議な業態。企業（営利団体）のため、本当に困っている人にはお金を貸すことができない場合が多い（お金を回収できなければ、銀行にとってお金を貸す意味合いがなくなってしまう）。製造業をやる場合にはどうしても資金調達が必要になるため（参照：運転資金）、銀行と仲よくやっていく必要があることが多い。

▶ グリーン調達

環境に優しいことをしている企業から優先的にものやサービスを買うことを言う。環境にいい＝グリーン、という結構安直なネーミング。政府が力を入れている分野の一つである。

▶ グループウェア

みんなで使って業務を効率化させようというソフトウェア。ファイル共有機能とか、スケジュール管理機能がある。便利なものではあるが、使い方を間違ってしまうと、業務効率が低下してしまうこともある。「ファイルには必ず説明文を付けてアップロードせよ」という指示がくると、みんながファイルのアップロードを面倒がって結局使わなくなってしまうというのが、ダメな使い方の典型。

▶ グローバルスタンダード

世界基準での標準を指す。日本は世界基準を作るのが結構苦手なので、相手に好きなように決められた後にそこにがんばって合わせることが多い。また、世界基準を決めても守らない国も存在したりする。アメリカは未だに世界基準である「メートル」を使うことが少ない国の一つだったりする。

▶ 経営学

上手に経営をするための方法を研究する学問。実行するのが経営者であるため（つまり学者ではないため）、難しすぎる内容は誰も実践してくれない。

▶ 経営コンサルタント

経営者と経営について相談することを職業にしている人。真面目な人から、適当な人までたくさんいる。資格がなくてもできるし、社会から見たステータスも高いため、なりたがる人は結構多い。経営コンサルタントに必要なスキルは「難しいことを簡単に表現すること」と「当たり前のことを難しく言うこと」の2つである。

▶ 経験曲線効果

同じ仕事であれば、繰り返してやるとそのうち上達し、ある程度まで効率が上がるという理論。最初は時間がかかったことに対して、上達してきたときに「経験曲線効果だね」と言うと、「俺って、経営学に精通しているかも」という自己満足を得ることができる。

▶ ケーススタディ

「今から、紅茶ショップを渋谷に展開しようとする。予算は1億円。さて、どこに、どういうショップを開設する？」という感じで例題を出し、それに対して、どうするかを考えることによって学んでいく方式。教科書に載っている概念だけで勉強すると理解しにくいので、ケーススタディを取り入れる勉強法が最近は多い。

▶ ゲーム理論

ゲームのルールを作って、それに対して、どういう戦略が勝てるのかを研究する学問。数学を

使いまくるのが特徴。「じゃんけん」にまで数学を使うので、数学が苦手な人にはかなり厳しい。ちなみに、著者の大学の学部にもゲーム理論が存在した。高校時代に「ゲーム理論？　ゲームを作ったりするのかな？　楽しそう！」と思って、その学部に入ったことは内緒である。当然ながら、最初の講義を受けたとき「騙されたー！！」と心の中で叫んだのは言うまでもない。

▶ 決算書
難しく言うと「財務諸表」。株式会社はこの決算書を開示する義務があるので、経理部門などががんばって作っている。税金計算の基にもなる資料。慣れた人がこの決算書を見ると、粉飾決算を見抜くことができる。

▶ 権限
権限は責任に一致する。だから、権限がある人間には、責任も付随する、というのが経営学的には正しいが、実際はそうではないことも多々ある。権限と責任が一致しないような会社は、問題が発生しやすくなるので要注意である。

▶ コア・コンピタンス
企業にとって一番すごいところ。
「夜の宴会で、技術者同士が飲みながらアイデアを出し合っている」とか「営業の中にマメな人が多いので、みんなで資料を使い回しできる」といった、その会社の人以外からすると、たいしたことがないような事柄が、企業の中核能力となる場合が多い。

▶ 後継者
大企業の後継者は誰もがなりたがるが、中小企業では後継者難が続いている。息子はやりたがらないし、知らない人に頼むのは難しい。

▶ 工程管理
ものを作るときに、作る手順をしっかりしましょうということ。多くの企業は複数のものを同時並行で作っているので、手順がちょっとでも入れ替わると混乱してしまう。前もってしっかりと計画して、その通りに実行することが大切。実際は、ちょっとした機械のストップなどで工程に「ゆらぎ」が生じるが、現場の人のがんばりと踏ん張りで持ちこたえている。日本人は臨機応変に対応できるため、ちょっとしたトラブルにも強いのが特徴。

▶ ゴーイング・コンサーン
企業は継続していくことが大切ということ教えてくれている言葉。会社を作って、お金を集めるだけ集めて、すぐにつぶして、自分だけ儲けるのはダメだよ、と言っている。

▶ 顧客の創造
「お客さんの言われたまま行動していたのでは、結局上手くいかないよ。自分からお客さんが喜ぶにはどうしたらよいか考えなきゃ」ということ。彼女に言われるまま行動しても「おもしろくない男」と思われる。自分から相手の女性にとって楽しいサプライズを作る男の方がモテる。顧客の創造という言葉も同じで、自分から、お客さんが思いもよらなかった楽しいこと、便利なことを提供しようということ。

▶ 国際会計基準（IAS）
国ごとに会計基準が違うと、決算書を見比べても意味がない。「じゃあ、世界統一の会計基準を作ろう！」という思いでできた会計基準。

ヨーロッパが中心となって作っている。アメリカはSECという基準があるので、結局、完全に世界的な会計基準とはなっていない。間に挟まれている日本の国際企業は両方に対応しようとがんばっているが、日本の会計基準も特殊なため、経理部門は非常に手間がかかっている。

▶ コストセンター

部門を費用の発生する場所と考え、部門ごとの費用を把握することで部門管理を行う企業は多い。この部門の考え方をコストセンターと言う。コストセンターの思想で経営管理を行うと、経費を削る方向に進んでいく。

▶ コミットメント

「破ってはいけない約束」のこと。経営者、管理職はこのコミットメントを設定してコミットメント達成に向けての行動を行うべきである。実際、このコミットメントの制度を実行できている企業は少ない。達成できなかった場合は責任をとらなければならない（権限と責任は一致するから）ため、自分の身を守るためにコミットメントを行わない体質の企業が多い。

▶ コンカレント・エンジニアリング

一口に製品の設計といっても、概念設計／詳細設計／生産設計（計画）／生産準備といったさまざまな作業がある。この作業を同時並行で進めようという考え方。時間の短縮と同時に、関係者間の意思疎通が増えるので、よい結果を生んでいるという報告は結構多い。

▶ コンピテンシー

仕事がよくできる人の「仕事ができる背景となる特性」のこと。このコンピテンシーを抜き出して、みんなに教育すると、部門全体の成績も上がる。ただし、コンピテンシーを「個人の評価」に使い始めると、従業員はコンピテンシーばかり追い求めて、本質的な「会社をよくしよう」「お客さんに喜んでもらおう」という気持ちが消えていく。

▶ コンプライアンス

「企業は法律を守りましょう！」ということ。「私たちはコンプライアンスに力を入れていきます」と言っている企業の言葉を翻訳すると、「がんばって法律を守っていきます」という当たり前の意味合いになってしまう。

▶ コンフリクト

思いや考え方のすれ違いのこと。男女関係で考えると、わかりやすい。彼氏は彼女を楽しませようとして、ディズニーランドに連れていこうとする。彼女は疲れているので、彼氏に迷惑をかけまいとして、マンガ喫茶がいいという。結果、お互いにお互いのことを考えているのにケンカをしてしまう。これがコンフリクト。企業でも、自分の部門の視点で見ていると、他の部門との衝突が起きがち。

サ

▶ 在庫管理

多くの企業が頭を悩ませている問題。在庫が多くなるということは、在庫というお金を支払っていることになる。「後で売れるからいいじゃん」と考えてしまいがちだが、在庫の裏側には「在庫代のためにお金を借り入れている＝銀行に無意味な利息を払っている」「在庫は倉庫に置かなければならない＝倉庫代が余分にかかっている」という事実がある。在庫が減れば、銀行に借り入れを返済できるし、倉庫

代も減って利益も出るのである。

▶ 財務会計
企業がやらなければいけないこと。帳簿をつけて、いくら儲かっているかを「国が定めた基準」に則って記述する。

▶ 財務諸表
一般的に言う「決算書」のこと。主なものに「貸借対照表」「損益計算書」「キャッシュフロー計算書」がある。貸借対照表は、今会社にあるお金や資産（商品や自社ビル）、借りているお金を記載する。これを見ると、会社の体力がわかる。損益計算書は、今年いくら儲けたか、ということが記載されている。キャッシュフロー計算書は、今年のお金の入りはどれくらいか、ということがわかる。

▶ 作業管理
工場などで、現場の人がてきぱき動いているのは、この作業管理のおかげ。どういう作業をすれば現場の人が疲れずに、効率よくできるのかを企業は研究している。ちなみに、工場で音楽を流すと作業効率が上がることが多い。リズムがあると、人は疲れにくくなるし、流れに乗れるので動きもなめらかになるのである。

▶ 差別化戦略
「ほかの企業と同じことをやっても、相手の方が力が強ければ負けるので、違うことをやりましょう」という戦略。

▶ サンクコスト
事業をやめようとしたときに発生する費用。お店を閉めるときには、業者にいらないものを引き取ってもらう費用や引っ越し費用が発生する。起業するときには、このサンクコストを最初から計算しておいた方がよい。失敗しても立ち直れるだけのお金を残しておけば、また起業することができるのだから。

▶ 参入障壁
よくある参入障壁の例が、特許である。特許があれば、マネされることがなくなり、同じ場所に参入されなくなる。資格がなければ商売ができないというのも参入障壁。弁護士が安定して仕事ができるのは、資格という参入障壁があるおかげ。

▶ サンム（ムリ・ムラ・ムダ）
製造現場で「悪」とされているもの。ムリしてやると、そのうち大問題が起きることが多い。ムラがあると、品質の維持ができなくなる。ムダがあると、何かしら損をしている（材料のムダ、作業のムダなどいろいろムダにも種類がある）。このサンムをなくそうと改善すると、製造効率が上がっていく。

▶ 3S（整理・整頓・清掃）
製造現場で心がけると、なぜか製造効率が上がる要素。5S（整理・整頓・清掃・清潔・躾）という用語を使うこともある。「割れたガラスが1つでもあると、その町はスラム化する」という言葉がある。3Sを実行すると「働くのが当然の環境」となるので、製造効率が上がるのである。

▶ 資金繰り
経営者の大切な仕事の一つ。中小企業の社長は資金繰りが仕事の半分以上を占める場合もある。資金繰りが仕事の中心となった企業

は、社長が働けなくなってしまうために、どんどんダメになっていくことが多い。

▶ 自己啓発
企業にスキル・アップを頼らずに、自分で勉強すること。自己啓発は自分の自由意思でできるので、企業の研修に行くよりも本人は成長する。入社時に同じレベルの人間であっても、自己啓発をしている人は5年後くらいにはすごくレベルが上がっていることが多い。

▶ 自己組織化
集団ができると、なぜか勝手に組織ができるという理論。女性が集まると派閥ができるのも、この自己組織化の理論で説明ができる。ちなみに、女性を職場に投入する場合は2人程度が最善である。1つの職場に女性が3人以上いると、おしゃべり時間が増えて作業効率が落ちる。1つの職場に女性が2人程度だと、男性よりも女性の方が効率的に働くことが多い。

▶ シックスシグマ
そのままの意味では「100万分の3.4程度しか問題が発生しない状況」であるが、実際は経営管理の手法を表す。アメリカで開発されたが、日本の思想が至る所に取り入れられているところがおもしろい。柔道の「黒帯」という単語をそのまま英語に直訳した「ブラックベルト」という制度もある。「帯」を英訳したら「ベルト」になることに、著者は軽いショックを受けた。

▶ シナジー
相乗効果のこと。経営をする上では「今、鉛筆を売っているんだけど、消しゴムも一緒に売った方がいいんじゃないかなぁ」という視点を持つことがとても大事である。こんな簡単なことで、シナジーは作ることができる。

▶ 社外取締役
その会社では働かないけれども、口を出す人。第三者の意見には正論が多い、つまり耳に痛い意見が多いが、正論を言ってくれる人は貴重である。大企業は、社外取締役という形で、正論を言ってくれる人を雇うことが多い。ちなみに、社外取締役ほどではないけれども、現場で正論を言う人が必要なときにはコンサルタントが雇われる。

▶ 従業員
実は、社員は会社で働く人を指す用語ではなかったりする。社員は株主を指すのが、法律での決まりである。会社に雇われている人は、従業員というのが正式な言い方。

▶ 受注生産
注文を受けてから生産をする方式。といっても、社内ではある程度標準化(同じ部品を使えるようにするとか)をしていることが多い。社内で標準化ができていない場合には、同じものを作るのであっても余分にコストがかかるので要注意。

▶ 職務評価
仕事の内容に対して、どれくらいの給料がよいか、どれくらいの階級がよいか、を決める方法。現場に関係ない人に職務評価をされると、現場が怒り出す。しかし、現場が職務評価をすると、人事の人間にはわからない評価基準が出てくる。人の評価を人がする以上、どんな方

式でやっても問題は発生するものである。

▶ ジョブ・ローテーション

同じ社内で、定期的に仕事内容を変更させていく制度。営業から製造部門へ異動したりといったことをする。社内で動きがあると、社内コミュニケーションが活発になり、昔いた部門にお願いしたりして、ちょっとした問題を簡単に解決できるようになる。ただし、営業向きの人を経理に行かせたり、逆のことをさせると「こんな仕事やってられるか！」と騒ぎ出される場合があるので要注意。個人の特性をふまえた上でジョブ・ローテーションができていると、本人の気分も変わって新しい成長過程に入ることができるのでいいことが多い。

▶ 所有と経営の分離

まさに「株」制度のこと。株を持っている人＝会社の所有者、社長（株を持っていなくても大丈夫）＝会社の経営者という今の株式会社の制度。中小企業だと、株主＝経営者の場合が多いので「会社の所有と経営の分離ができていない」と言われることがある。所有と経営の分離のメリットは、株を売ってお金を調達し、会社を一気に大きくできることである。

▶ 人事考課

いわゆる「個人の評価」のこと。この人事考課によって、給料や職務階級のアップが決まる。人事部の人は、この人事考課をどうすれば上手くやっていけるかを常日頃考えている。現場の人は「どんなことをやっても、現場の意見は反映されない」と思っている。人は自分のことは過剰評価する傾向があるので、人事考課をいくら進化させても不満は消えることはない。

▶ 人的資本

従業員に対する考え方が、昔：費用（お金がかかる存在）、ちょっと前：資産（会社としてどんどん使っていくべき存在）、最近：資本（株主がお金を貸してくれるように、労働力を貸してくれる存在。株主のようにいついなくなってもおかしくない）、というように少しずつ変わってきている。

▶ ステーク・ホルダー

企業の関係者のこと。「従業員」「経営者」「株主」「顧客」「地域住民」「社会に存在する人」と、関係者が多いので、簡単に一言で表せる言葉が必要になったために生まれた。

▶ ストック・オプション

「予め定められた価格でいつでも株を買っていいよ」と言われること。将来株価が上がれば儲けものである。ストック・オプションを与えられると、会社の株価が上がってうれしくなるので、一生懸命に働くことになる。

▶ スピン・アウト

会社を辞めて独立すること。今までやってきた仕事の延長線上で独立した場合に、「スピン・アウトしたんだね」と言われる。今までと違う仕事で独立した場合には「え、そんなことやって大丈夫なの？」と言われる。

▶ 成果主義

成果に対して個人を評価する仕組み。「結果」を基準に考えるので、結構ぎすぎすしてしまうことが多い。成果評価は導入して数年で改善されることが多い。

▶ 生産管理
その名の通り、ものを作ることの管理。やることは幅広く、勉強することも多い。また、実際に現場に出てみないとわからないことも多い。難しい理論と、簡単な改善の両方をやっていくことが、生産管理の基本である。

▶ 製造原価
製品の原価。計算方式によって、同じ製品であっても原価の価格が変わってくるのが不思議なところ。この原価の計算方式を少しいじるだけで、企業は利益の金額をいじることができたりする。もちろん、他の方法でも企業は利益額をいじることができる。

▶ 成長ベクトル
自社がどの方向に成長すればよいかを示す方向。主なものに、市場浸透戦略（とりあえず、今いるところでがんばろうぜ！）・新市場開拓戦略（ほら、新しいところに売りに行こうぜ！）・新製品開発戦略（新しいものを作ったら、売れるんじゃね！）・多角化戦略（とにかく、新しいことをやってみよう！）という戦略がある。

▶ セル生産方式
自分の前と左右に作業場所を作って、ものを組み立てたりする生産方式。ベルトコンベア方式だと、前だけだったのが、左右にもやることがあるので、現場はいろいろな技術を覚える必要がある。ベルトコンベアだと単調なので、現場の人間は楽しくないが、セル生産方式だといろいろな作業をやるし、自分一人でかなりの部分を組み立てることになるので、現場は楽しく仕事ができる。

▶ ゼロサムゲーム
お互いが幸せになることがない状態。極端な話、相手が勝てば自分が負けるしかないことを指す。ビジネスの世界では、勝てない場合にゼロサムゲームにならないように、方向性を変えることが必要である。差別化戦略は、まさにゼロサムゲームから抜け出す手段の一つである。

▶ 選択と集中
いくら自分に才能があっても、やりたいことすべてに手を出していたら、何も達成できないまま人生は終わってしまう。何を優先的にすべきか、何なら切り捨てても大丈夫か。こういうことを考えながら人は生きている。企業も、なんでもかんでもやると、お金は足りなくなるし、人手も足りなくなってしまう。何をすべきかを選んで、そこに力を注ぐことを、選択と集中と呼んでいる。

▶ 戦略
「あいつは戦略的に仕事をしているな」と言われた場合、「しっかり考えて動いているな」という意味合いになる。戦略とは目的を実行するためにどうするかを考え、実行内容を決めることである。目的に反することをするのは「戦略的」とは言えない。

▶ 戦略的マーケティング
昔、マーケティングとは売るために「営業部門」がどうすればよいかを考えることであった。しかし、営業部門だけで考えるより、製造部門も含めて販売戦略を考えた方が上手くいく。部門という壁を乗り越えたとき、従来の「マーケティング」では言葉足らずになったので、戦略的マーケティングという言葉を使うようにな

った。とはいえ、部門を超えただけでやることはさほど変わっていない。

▶ 組織
「組織は戦略に従う」（つまり、戦略は組織より偉い！）という言葉があれば、「戦略は組織に従う」（つまり、組織は戦略より偉い！）という言葉もある。実際は、どちらが偉いのではなく、相互作用が働いている。人間関係も同じで、自分の思いがいかに崇高であっても、伝わらなければ意味がない。相手と自分との関係性によって決まるのが、人間関係である。最近の経営者はこういった「関係性の大切さ」に気づいているので、「組織と戦略、どちらが偉い？」というような話はしなくなってきた。

▶ 組織風土
体育会系のノリもあれば、理系のノリもあったりする。組織風土は自分に合った雰囲気でなければ、非常に疲れてしまう。人が集まると、自然に雰囲気というか、組織風土ができあがる。この組織風土が企業内コミュニケーションの流れを決めていく。過度に体育会系になると、上下関係ができあがり、悪いことを上司に報告しなくなってしまう。過度に理系のノリになると、自分のことは自分、相手のことは相手というように、コミュニケーションが薄くなってしまう。女性ばかりが集まった会社では、おしゃべりが多くなるのも、この組織風土の一種。

タ

▶ 大企業病
企業が大きくなると、責任範囲を明確に決めるようになる。そうすると、責任範囲外のことをやろうと思う人が減ってしまい、結局「やった方がよいことがあるのに、やらなかった」ということや「やらなきゃいけないことを、誰もやらなかった」ということが出てくる。これが大企業病である。一度、大企業病にかかってしまうと、組織風土が定着してしまっているためになかなか治療することができない。簡単な治療法は、人を完全にシャッフルすることであるが、それをやると現状の業務が回らなくなるので、結局それもしないことが多い。余談ではあるが、人をシャッフルしようというときには「優秀な人」を放出しないようにする傾向がある。だが、大企業病を治すには、優秀な人をシャッフルしなければならない。

▶ ダウンサイジング
企業の規模を小さくすること。リストラが流行った時期に出てきた言葉。リストラというと、かなり否定的な言葉に聞こえるが、ダウンサイジングだと肯定的に聞こえるので不思議である。

▶ 多角化戦略
新しい製品、新しい市場に進出する戦略を言う。シナジーが働きにくいので、失敗することが多い。企業はお金が余ると、多角化をやり始める傾向がある。そのため、バブルの時期には多角化のブームがあった。

▶ 棚卸し
在庫の数をきっちりと数え直すこと。言葉にすると簡単であるが、実際に数を把握するのは大変である。この棚卸しがしっかりできている企業は、自ずと在庫の量が少なくなっていく。在庫の数を把握していれば、この材料は買う・買わないの判断ができるからである。反対に、在庫の把握がしっかりできていない企業は、何でもかんでも足りなくなったら買っていく傾向が

ある。「ついでの予備も買っておこう」といって、さらに在庫が増えるが、どこに置いたかわからなくなって、結局また新しい材料を買うことになる。このような事態にならないように、定期的に棚卸しをやっていき、正確な在庫量を把握しなければならない。

▶ 多能工

いろいろな作業ができる工場の現場の人のことを指す。工場の現場の人にしても、いろいろな作業ができる方が楽しいし、自分のスキルが上がっている感覚もあるので多能工になりたがる人が多い。企業にしてみると、いろいろな作業ができると、新しい人を雇う必要が減ってくるので、これまたおいしい。

▶ ダンピング

安すぎる価格でものを売ることを指す。一昔前、日本からアメリカに自動車を輸出するときに日本車が安すぎたのでアメリカ車が売れなくなってしまったことがあった。このときアメリカは「ダンピングはダメです！」と言って、日本車に対して関税額を引き上げた。それでもがんばった日本の自動車メーカーは偉い、と日本の自動車メーカーの人たちは思っている。

▶ 中小企業

名前の通り、小さい企業を指す。日本には中小企業が多く乱立するため、国の組織として「中小企業庁」なるものまで存在している。調子のいいベンチャー企業から、家族でやっている八百屋さんまでひとくくりに中小企業としてまとめてしまう日本はすごい。最近は、「努力している中小企業」「やる気のない中小企業」と国が分類するようになった。国としては努力している中小企業を応援します、という立場でがんばっている。国の政策は数多くあるが、知っていると意外に得するものが多い。

▶ 長期経営計画

5年くらい、またはそれ以上のスパンでの経営計画。実際は、作っても経営計画通りに行くことはほとんどない。しかし、未来の姿を全社員で共有することによって、企業の成長が早くなるのは確かである。

▶ 定型的意思決定

決まりきったことを決めることを定型的意思決定と言う。交通費の上司承認、顧客との取引の承認などが定型的意思決定に当たる。普段発生しないのが非定型的意思決定と言う。非定型的意思決定が苦手な人が上司になると、何も決まらずに多くの作業が先延ばしされて、ダメな空気ができ上がっていく。

▶ ディスクロージャー

日本語で言うと「情報の公開」。企業情報は隠されることが多いので、情報をもっと公開しなきゃダメだ、という風土の中から生まれてきた言葉。企業が問題を見つけたとき、早期に公表して、謝って、対応策をとると、最近の世間の皆様はその企業を許すようになった。企業もそれを理解してきたので、問題の早期報告を行うようになってきた。ただし、5年とか10年以上前の問題については、まだまだ公開されていないものが多い。今公開しても「どうして公開しなかったのだ！」と世間に怒られるからである。今、世の中で問題になっていることで過去の負の遺産が多いのは、ディスクロージャーが普及して現在の問題は結構カタがついて

きたためとも言える。

▶ 手形
日本の負の遺産の一つ。日本の商慣行では、企業にものを売ったときに「売掛金（つまり、ツケ）で3ヵ月待ち」→「手形で3ヵ月待ち」→「やっと現金が振り込まれる」という流れになっているところが多い。なんと、売ってから入金まで6ヵ月かかることが普通だったのである。これでは、いくら儲けていてもつぶれる会社が後を絶たないのは当然である。最近は「さすがに手形で支払いを伸ばすのはよろしくない。むしろ手形を作るのが面倒だ」ということになって、手形が減りつつあるが、お金が不足している企業は未だに手形を使って支払いを延長している。

▶ デフレ
デフレーションのこと。物価が下がり続ける状態を言う。みんながお金を使わなくなったので、使われるお金の量が減ったし、みんながものを買わなくなったので、ものの価格を下げないと売れなくなった、という状態。経済学者はこのことを一言で「マネーサプライの減少」と言う。

▶ 動機付け−衛生理論
人を動かす要因には以下の2つの要因がある。動機付け要因：やりたい仕事だったらいくらでも働きたくなる。衛生要因：トイレが汚かったら働く気がしなくなるけれど、トイレがキレイでも働く気になる人は増えない。「動機付け」になる要因があるとあればあっただけ効果が出るけれども、「衛生的な要因」はないとダメだけどそこそこ以上を超えると効果がない

よ、ということを教えてくれる。

▶ 倒産
会社をたたむ状態を言う。銀行から取引停止処分を受けても倒産になるので、お金がなくなった状態で倒産になることが多い。小切手または手形が6ヵ月に2回不渡りを出したら、銀行から取引停止処分を受ける。ある会社が倒産して、その結果、お金を受け取れなくなったり仕事がなくなった企業が続いて倒産することを「連鎖倒産」という。連鎖倒産については、保険があったりするが、保険に入る余裕のある企業はそもそも連鎖倒産になりにくかったり他に準備をしていたりすることが多い。

▶ ドメイン
自分の戦うべき領域のことを指す。ドメインを考えるときには「誰に」「何を」「どのように」という視点で考えるとまとまりやすい。例えば以下のように商売を簡潔に言うことができる。誰に：鉄道オタクの皆さんに、何を：Nゲージを、どのように：ホームページで。小売業の場合は「どのように」が販売経路を指すことが多く、製造業の場合は「どのように」が自社の技術を指すことが多い。製造業の場合はどうやって作るかが、最大の問題になるからである。

ナ ▶ ナレッジマネジメント
企業にある知識を上手く活用しようとする試み。一時期大流行し、とにかくナレッジマネジメントをしよう！という風潮になった。現在では「目的なしにナレッジマネジメントをしても失敗する」という教訓が生まれ、地道に成功事例が増えていっている。ちなみに「とにかく××を導入しよう！」というブームは、起

きては消えている。そして最後には「目的を持って導入すれば成功する」という論調で落ち着く。どうして最初から「目的を持って導入しよう」という論調にならないかというと、「乗り遅れると大変なことになる」という焦りを、売る側が作り出すからである。買い手はこの「乗り遅れると大変なことになる」という雰囲気に流されない心構えが必要なのである。

▶ ニッチ戦略

狭い分野で1位をとっていこうという戦略。「おもちゃ」という分野で戦って1位になるのは難しいが、「ポケモンのキーホールダー専門」だったら1位になるのはそれほど難しくない。1位になると、目をつけてくれる人が出てくるので、比較的商売がしやすくなる。

▶ 人間工学

道具とか機械を人間に使いやすいようにすること。人が使いやすい形にしておいたり、ボタンに色や印をつけるといった工夫がされているのも、人間工学のたまもの。最近では、すべての人に使いやすいようにというコンセプトの「ユニバーサル・デザイン」という言葉も流行っている。

▶ 認知的不協和

「思っていた結果と違う!」とショックを受けること。経営的には、「こんな商品だと思っていたのに、使ってみたらダメダメだった」というときに使われることが多い。ショックを受けた消費者は、次から買ってくれなくなるので、ショックを与えないようにしようという意味で使われる。

▶ 根回し

経営の教科書には書いていないが、実際に組織で生きていく上で必要なこと。会議の場では好き勝手なことを言いづらく、細かいニュアンス的な部分まで処理できないため、会議の前に軽い打ち合わせをしておくと議題も通りやすくなる。「会議があるのだから、会議で話せばよい」という人の意見は一見正論ではあるが、みんながそうやっているわけではないので、結局根回しをすることが必要になってくる。根回し上手な人は、いろいろな議題を通すのが上手いし、結果的に仕事も上手くやっていることが多い。仕事をしていく上で覚えておいた方がよいテクニックの一つである。

▶ 年功序列

日本の特徴の一つ。海外からすると、日本の初任給の安さは異常らしい。フランス人に言わせると「若者が暴動やデモをしない日本が不思議でたまらない」ということである。現在、年功序列の制度は高年齢層から崩れつつある。しかし、若者の初任給はまだまだ上がっていない。

▶ 納期

お金と同じくらい大切なもの。納期を守らないと、賠償金を払わなければならないというところが多いくらい、ビジネスの世界は厳しい。納期を守れない業者は、現状、どんどん淘汰されつつある。

八 ▶ パブリシティ

雑誌やテレビに記事として取り上げてもらうこと。広告を載せるより効果があるので、やってもらえるとうれしい。本を出したりすると、記者からアプローチされることが多い

ので、出版から入るのがオススメ。テレビは流行ってしばらくしないと取り上げてくれないので、まずは専門誌などから徐々に攻めていくのが正攻法である。

▶ バリューチェーン

顧客にとっては、たった1つの商品であっても企業側からすると、その商品に価値を出すのに「商品の設計をする」「材料を仕入れる」「工場で生産する」「販売員が売る」「経理が材料代を支払ったり、販売代金の回収を行う」といったいろいろな作業が発生している。これらの作業の総合力で、商品の価値が出ることになる。

▶ ハロー効果

心理学用語。何か一点でもすばらしいところがあれば、その人をすばらしい人だと勘違いしてしまうこと。逆のパターンで、何か一点悪いところがあれば、その人がダメな人だと勘違いしてしまうこともある。清潔感のない服装をしていると、ダメ人間と思われるのはこのハロー効果が関係している。芸術家やプロスポーツ選手がカッコよく見えるのも、ハロー効果が関係している。

▶ 非価格競争

価格競争に巻き込まれると、どんどん企業の利益が圧迫される。例えばティッシュペーパー。あれだけ詰め込んでも数百円にしかならない。物流コストも考えると、ほとんど利益がなくなってしまう。企業はこういう「どんどん低価格になっていこうとする状態」から抜け出すために、非価格競争のできる「新しい商品」とか「ちょっと変わった商品」に進出していく必要がある。

▶ 標準化

職人しかできなかった作業でも、マニュアルを作れば素人でもある程度できるようになる。また、毎回同じことをするようにしたら品質のばらつきもなくなる。作業を見直すことで、ムダな作業を省くこともできる。製造業にとって、標準化は「ムリ・ムラ・ムダ」をなくすための作業である。

▶ ファイブ・フォース・モデル

5つの競争要因とも言われている。自社を取り巻く環境には5つの"驚異"が働くと言われている。その5つは「買い手」「売り手」「新規参入」「代替品」「ライバル」である。自社の取り巻く環境をこの5つに分類して説明すると、「おおっ、なかなか経営学を知っているね」という目で周りから見られるので便利。

▶ ファブレス企業

工場を持たないメーカー企業を指す。設計はやるけれども、製造は工場のある企業に外注する。製造業なのに設備投資がいらないので、比較的資金繰りに困らないのが特徴。

▶ フィランソロピー

企業がやる社会貢献のこと。人も企業も社会に属していて、社会の恩恵にあずかっているのだから、社会に還元しようという試み。やっている企業もあれば、やっていない企業もある。

▶ 物流管理

近年注目されているのが物流管理である。今までは、生産コストを減らしたり、販売力の向上だけに目が向けられていた。しかし、ものを運搬するとき、時間もかかるし、費用もかかる

し、在庫も必要になる。これらを最適にするにはどうしたらよいかを考える時代になった。物流は大きな改善もあれば、小さな改善もある。大きな改善の例は、倉庫を拠点ごとにまとめることである。倉庫を1つにまとめると、各地に点在していた在庫をまとめることができるので、余分な在庫を減らすことができる。小さな改善もたくさんある。例えば、配送会社を地方の会社に頼むことである。沖縄の配送会社を手配して、東京から沖縄に出荷を依頼すると沖縄の会社は帰り道なので安い価格で引き受けてくれる。ほかにも、配送の順番を変えるだけで時間を短縮できたりする。時間が短縮できるとほかのものも運べるようになる。こういう地道な努力も組み合わせて物流の管理がされている。

▶ **ブランド**
「物語」+「しるし」=「ブランド」である。フェラーリについている「馬のロゴ」をみると、フェラーリがカッコよく走っている姿を思い浮かべる。これは、フェラーリに物語があり、その物語がロゴと連動しているためである。ブランドとは、この「物語」と「しるし(ロゴ)」のミックスのことを言う。ブランドを作りたいときには、まず物語を作ることが重要である。
例えば、ここに「キュウリ」があったとする。このキュウリをブランドに近づけるには、物語をくっつける必要がある。「プロが作ったキュウリ」と言うと、キュウリに物語がくっつく。これが、ブランド作製の第一歩となる。ちなみに、農家のおじさんは農業のプロなので、ほとんどのキュウリはプロが作ったキュウリと言えなくもない。

▶ **フルライン戦略**
リーダーの戦略の一つ。商品をいろいろなラインナップでそろえること。トヨタは、セダン、高級RV車や高級ミニバンなど車種を絞らずに生産・販売をしている。車種を絞らないおかげで、トヨタファンはどんな車を買うときでもトヨタの車が買えるようになっている。

▶ **プロセス**
結果の元になるもの。「がんばった」→「成績が上がる」の「がんばった」がプロセスとなる。営業部門で、受注をグラフにして管理する方法が、結果管理型のマネジメント。資料作成時や顧客訪問のときに部門内で力を合わせて上手く行くようにするのが、プロセス型のマネジメント。プロセス型のマネジメントの方が難しいが、最終的にはよい結果が出る。

▶ **プロダクト・ライフ・サイクル**
製品が生まれてから、製品が流行し、廃れていくまでの流れを示すもの。最初はあまり売れないが、そのうち売れるようになる…とあるが、実際は最初の段階でコケている製品が多い。

▶ **粉飾決算**
やってはダメなこと。企業の利益操作は比較的簡単にできる。また、ほとんどの企業が利益操作をしている。法律違反になると粉飾決算だが、グレーな部分は「戦略的会計」と呼ばれている。どちらも本質は「利益の操作」である。なぜ、粉飾して利益を出す会社が多いかというと、利益が出る分には税務署が怒らないからである。税務署は利益が出ている方が税金を徴収することができる。ほかに利益をチェックするのは公認会計士になってしまうが、こち

らは雇われて働くことになるので企業に上からの目線で物申すことができない。

▶ ほうれんそう

「報告」「連絡」「相談」の頭文字をとったもの。入社して社会人研修がある会社で最初に教えられることの一つ。これがしっかりできている会社は、比較的悪いことをする人は少ない。上司がマイナス情報に対して怒るタイプの場合には、この「ほうれんそう」をしてもらえなくなってしまう。大問題が発生するのは、上司が自ら「悪い情報を集めない環境を作る」ためであることが多い。

▶ ポートフォリオ

「1つのカゴに卵をのっけておく。もしそのカゴを落としたら、卵がすべて割れてしまう。だったら、複数のカゴに卵をのっけておけばいいじゃないか」という発想。株を買うときでも、危ない会社1社を集中して買うより、複数の危ない会社に分散して投資した方が、危険が少ない。

▶ ボトムアップ経営・トップダウン経営

現場の声を集めて戦略を作っていくのがボトムアップ経営。トップが自分の思いで決めたことを、現場が何とかやっていく方法を考えていくのがトップダウン経営。日本では現場の力が強いので、(現場が考えて行動できるからであるが) ボトムアップ経営が多い。ただし、ボトムアップ経営では現場の調整を重視するので大改革ができない。大改革を行う場合にはトップダウンで行う必要がある。もちろん、トップはその改革の結果に責任を負わなければならない。

マ

▶ マーケティング

物を売る仕組みのこと。難しく考える人は多いが、結局のところ「どうしたら、お客さんが買ってくれるんだろう？」と考えて、いい考えがあったら実行するのがマーケティングの基本。

▶ マニュアル

標準化に欠かせないもの。マニュアルがしっかりしていれば、やったことがない作業でもできるようになる。引き継ぎのときや、周りの人にやり方を教えるときには必須アイテム。バイトに作業をやってもらうことが多い会社では、このマニュアルがしっかりしているとバイトのチェンジのときに揉めなくて済む。もちろん、職人にしかできない技術もあるので、職人が世の中から消えることはない。

▶ ミドル・マネジメント

中間管理職を指すことが多い。部長とか課長とか、上と下に挟まれる立場。この部分がしっかりしていると、従業員は楽しく働ける。

▶ 命令一元化

複数の上司から命令が下りると、現場はどっちを優先してやってよいのか混乱してしまう。なので、命令系統は一本化しておいた方がよい、と教えてくれている言葉。

▶ メセナ

企業が音楽や芸術活動などの援助をすること。最近は流行っていない。

▶ モータリゼーション

自動車が普及すること。自動車が普及すると、

駅前よりも大きな道路沿いが発展することになる。巨大なショッピングセンターが道路沿いにできたのは、自動車が普及したおかげ。これを難しく言うと「モータリゼーションの進化により、ロードサイド型ショッピングセンターが増加した」となる。

▶ 目標管理
従業員が自分で目標を決めて、その達成具合で評価がされる制度。評価を高めるために、目標を低く設定する従業員がいっぱい出てしまう。結局低いレベルを乗り越えたら満足する人が増えてしまうことが多い。自ら高い目標を設定する人は、低い目標を設定した人より低い評価を受けるので、やる気のある人たちまで低い目標にしてしまう危険のある制度。目標管理制度を上手く運用するのは非常に難しいとされている。

▶ モラール
「士気」のこと。よく「モラル（道徳）」と勘違いされる。「モラールを上げよう！」と言われたときには、「道徳や倫理を守ろう」ではなくて「エイエイオー！　みんなでやる気を出すぜ！！」と理解しなければならない。

ヤ

▶ 予算
大企業の従業員、中間管理職が悩まされるのがこの予算。会社の1年が始まる前に、来年の売り上げや費用を見積もっておかないといけない。予算ではじき出した費用以上は、お金を使えなくなっている企業もある。この予算の組み立てだけで年に2ヵ月以上時間を費やす人も多数いる。ここまでくると本末転倒であるが、誰も予算をやめようとは言い出せない。

ラ

▶ ライフタイムバリュー
「お客さんは生きている」ということを思い出させるために作った言葉。「そのお客さんは生涯でどれくらい自分の会社にお金を使ってくれるのだろう？」「そのお客さんの生涯年収からどれだけ自社がもらえるのだろう」と考えていこうという思想。

▶ リーダーシップ
リーダーの資質のこと。いろいろ研究されているが、実際にリーダーのための研修を受けてもリーダーの素質がみなぎるわけではないので、発展途上の研究課題であるとも言える。リーダーシップと一口に言っても、時と場合によって求められるものが変わってくる。仲よしグループの場合にはみんなの意見を上手くまとめる人がリーダーに適しているが、みんながそっぽを向いている状態の場合は独裁者のような人がリーダーに適している。

▶ 利益
「儲け」のこと。利益にも種類があり、「売上総利益（粗利益）」「営業利益」「経常利益」「純利益」「税引き後利益」といった種類がある。後ろの項目に行けば行くほど、通常は利益額が下がる。なぜなら、「売上総利益」には経理部門が使った費用とか、銀行へ支払う利息が含まれていないためである。本当の実際の利益は「税引き後利益」である。

▶ リスクマネジメント
企業を営む上では、たくさんのリスクがある。顧客に訴えられる可能性もあれば、地震が急に起きるというリスクもある。こういうリスクを事前に見積もっておいて、対策を立てておこう

というのがリスクマネジメント。保険をかけるのも、リスクマネジメントの一つである。

▶ レバレッジ

「テコ」のこと。銀行からお金を借りて一気に事業を拡大すると、普通に事業を拡大するよりスピードアップできる。この場合「銀行からお金を借りること」が「テコ」の役割を果たしている。この場合、経営学を知っている人は「レバレッジ効果を利用して、一気に企業を成長させよう」と言う。中学生だったら「銀行からお金を借りたら、いっぱいできることが増えるから、会社が大きくなるね」と言うに違いない。言いたいことは全く同じである。

▶ ロイヤリティ

日本語にすると「忠誠心」、顧客ロイヤリティという場合には、だいたいの場合「そのブランドにどれだけ顧客が熱狂しているか」という意味になる。儲けるという字は「信者」と書くように、ブランドには信者がつくことが大切。

▶ ロジスティクス

物流を戦略的に考えようという意味の言葉。物流は生産と販売の橋渡しの役割と、在庫管理の役回りがある。また移動による時間差も考えなければならない。非常に重要な部門であるが、実際は製造部門と販売部門の狭間で苦労をしている。販売部門がお客さんの無茶を聞いてきて、物流部門が手間のかかるラッピングをしているといったことはザラにある。このような、手間は必要なのか、そうでないのかも含めて、会社全体が見ていく必要がある。その意味で、ロジスティクスという言葉が使われ始めた。

ワ

▶ ワーク・シェアリング

仕事を分け合うこと。リストラをする企業が「人を減らすのは忍びない。一人一人の働く時間を減らそう」ということで取り入れる企業がある。実際は、できる人に仕事が集中するように業務ができあがってしまっているので、仕事が多い人の仕事が減るわけではない。

A

▶ ABC（Activity Based Costing）

活動基準原価計算のこと。管理会計の手法の一つ。間接部門（経理とか人事とか、営業サポートなど）の費用を上手に直接部門に割り当てる。物流部門でのABCを導入すると効果が出やすいと言われている。物流部門では製造部門や販売部門に言いたい放題言われてきた。そこで、ムダな作業や、実は作業負荷がかかりすぎて赤字になってしまう作業も行ってきた。しかし、そういう作業を減らせば企業にとって得なのだ。これまでは、その「証拠」を出すことができなかったからである。ABCでは作業時間×金額で発生したコストを把握する。バイトの時給のような計算をするのである。こうして、いらない作業を割り振られたときに「この作業って5万円の価値あるの？」と物流部門が言い返せるようになった。同じ企業でも部門が異なると「言語」も変わってくるので、普通は説得しようとしても理解してもらえない。しかし、企業にとって「お金」は共通言語なので、「お金」の視点で他の部門と話をしたら通じるのである。

▶ ABC管理（ABC）

売れ筋商品や死に筋商品の把握に使われる。Aランク：売れ筋の上位70％、Bランク：中位

の20％、Cランク：下位の10％。3つのランキングに商品を分類すると、以下のような結果が出ることが多い。Aランク：商品数の約20％、Bランク：商品数の約20％、Cランク：商品数の約60％。実は、売れている商品は上位2割の商品がほとんどなのである。上位の2割商品に重点的に注意しておけばよい。この上位2割の商品を調べて重点的に管理することをABC管理という。

▶ **BPR**（Business Process Reengineering）
業務改革のこと。ITを導入するときには、ついでに業務改革をしないと、単にシステムを入れ替えるだけで終わってしまうので、「BPRもやりましょう！」とITベンダーやコンサル会社が言うようになった。

▶ **BSC**（Balanced Score Card）
従来、企業を評価する指標はお金（つまり財務データ）しかなかった。「それって、企業を評価する内容が足りないんじゃないの？」という疑問を感じた経営学者が、「財務の視点」以外の視点を作成した。それがバランストスコアカードである。バランストスコアカードは主に4つの視点（財務の視点、顧客の視点、学習と成長の視点、業務プロセスの視点）を使って企業を評価する。

▶ **BTO**（Built To Order）
DELLはパソコンを、注文を受けてから組み立てている。こういう注文を受けてから組み立てる方式をBTOという。在庫ロスが少なくて済むので、効率的。いかに短時間で出荷できるかが勝負の決め手となる。

▶ **CDP**（Career Development Program）
従業員の能力開発のシステムのこと。昔から企業は従業員教育はやってきたが、こういう難しい言葉にすることによって人事関係者に「しっかり従業員教育を長期的視点で考えなきゃ」という意識を持たせるのに役立った。

▶ **CRM**（Customer Relationship Management）
新しい顧客を開拓するよりも、従来の顧客にもう一回商品を買ってもらった方が、宣伝費などが安くつくことを企業は発見した。従来顧客をもっとフォローして、顧客との仲よしな関係を作っていこうという考え方をCRMと言うようになった。

▶ **ERP**（Enterprise Resource Plannning）
企業全体の資源を有効活用しようという考え方。実際にはITベンダーが「企業のシステムをつなげました」というERPパッケージ（会計とか生産とか販売のシステムがつながったもの）を売っている。単にシステムをつなげるだけではなく、企業全体の情報を統合することができると、SCMなどがやりやすくなる。

▶ **IR**（Investor(s) Relations）
投資家（株主）向けの情報提供。最近の「株主重視」の傾向により、このIR活動が活発化してきた。とはいえ、まだまだその資料は一般株主にとって難しい内容である。

▶ **KJ法**
みんなでアイデアを出すときに、カードで1行ずつメモを記入して、ごちゃごちゃ並べ替えながらまとめていく方法。なんと、川喜田二郎氏のイニシャルがKJなのでKJ法と呼ばれてい

る。KJなんて言うからカッコいいと思ったら、川喜田二郎（氏）の略だったという驚くべき事実がここにある。

▶ **LBO**（Leveraged Buy Out）
M&Aの一種である。お金がないときに企業を買収する手法。なんと、買収先の企業自体を担保にするという無茶な方法である。お金を貸してくれる金融機関に納得してもらえると、LBOができるようになる。もちろん、利息は払わないといけない。

▶ **MBA**（Master of Business Administration）
経営学修士のこと。経営学部の大学院を卒業したら、MBAと名乗ることができる。ビジネスパーソンにとっては結構ステータスの高い資格である。といっても、一時期大流行して多くの社会人がMBAを取得したせいで、MBAの商品価値は下落してきている。

▶ **MBO**（Management Buy Out）
会社を経営陣が買い取ること。といっても、普通はそれほど経営者がお金を持っているわけではないので、経営者は銀行からお金を借りたり、ベンチャーキャピタルなどから出資してもらったりする必要がある。

▶ **M&A**（Merger and Acquisition）
企業の合併と買収のこと。エリート企業同士が合併すると、吸収された側の企業の従業員は大量に退職する。こういうタイミングで外資系の会社が日本に進出することが多い。やめたエリート従業員は外資系の会社に雇われることとなり、外資系の会社は日本でのノウハウを一気に獲得することができる。

▶ **OJT**（On the Job Training）
トレーニングとは言っても「職場で面倒を見る」ということ。会社に新人さんが来たときに「この人の面倒を見ておいてね」というのを、「OJTしてね」と言うとカッコよく聞こえる。

▶ **Off-JT**（Off the Job Training）
OJTに対抗して作られた言葉。普通に教育を受けに行く。

▶ **Push戦略・Pull戦略**
プッシュ戦略は、自分からどんどん顧客に押し込んで売ろうとすること。プル戦略は、相手が欲しがるように誘導すること。実際はこの両方を上手く組み合わせて商品を売っていくことになる。

▶ **QC**（Quality Control）
品質管理のこと。日本が一番得意とする分野。日本製品たるもの、品質がよくて当たり前である。今や「日本」という国自体が「品質が高い」というブランドになっている。

▶ **QCD**（Quality, Cost, Delivery）
品質（Quality）、費用（Cost）、納期（Delivery）のこと。製造業にとって一番重要なものを3つ挙げよ、と言われたら、迷わず「QCDです！」と答えた方がよい。この3つがしっかりしている製造業はどこからも信頼される。

▶ **SCM**（Supply Chain Management）
材料の仕入れから販売までの、製品の流れを最適化しようとする試み。SCMのおかげで、多くの企業は在庫を減らすことができた。SCM

は企業をまたがって実行することがほとんどなので、企業間のトラブルも続出している。小さな企業が大きな企業の無理難題を押しつけられて泣いたところも多い。とはいえ、実際にSCMを実行しなければ、そのグループ全体がつぶれることになってしまう。時代の流れは既存産業に対して厳しいのである。

▶ TOB（Take Over Bid）
日本語では「株式公開買い付け」。企業を買収する際に、一般株主の株を買い付けるときに使う。

▶ TOC（Theory Of Constraints）
イスラエルの物理学者が作り出した経営の理論。物理学者でも経営学を作ることができるのが、この世界のおもしろいところでもある。企業の中で一番足を引っ張っているところを見つけて、そこを管理の重点ポイントにしつつ、その足を引っ張っているところに合わせて全体を管理すると上手くいきますよ、ということを教えてくれている。「鎖をつないで思いっきり伸ばす。このとき一番最初に切れるのが、一番弱い『鎖の輪っか』である。この『鎖の輪っか』の強度に合わせて鎖を引っ張る強さを決めたらいいよ」という説明がTOCの本には載っているはずである。理論を作ったのが物理学者なので、経営の理論も力学で話をしているのがおもしろい。

▶ TQC／TQM
　（Total Quality Control / Total Quality Management）
QCの考え方を全社的に展開したのがこのTQCとTQM。昔はTQCという言葉が使われていたが、全社で品質管理をやったところ、厳しくなりすぎたためにあまりよい結果を生まなかった。その結果をふまえて、TQMという名前に生まれ変わり、全社で経営を含めた品質の管理をしようということになった。製造業がよくやっている。

【主な参考文献】

- ▶『知識創造企業』
  野中郁次郎(東洋経済新報社)

- ▶『ブルー・オーシャン戦略』
  W・チャン・キム、レネ・モボルニュ著
  有賀裕子訳(ランダムハウス講談社)

- ▶『新訂 競争の戦略』M.E.ポーター著
  土岐坤、中辻萬治、服部照夫訳(ダイヤモンド社)

- ▶『キャズム』ジェフリー・ムーア著
  川又政治訳(翔泳社)

- ▶『自己組織化と進化の論理』
  スチュアート・カウフマン著
  米沢富美子監訳(日本経済新聞社)

- ▶『コア・コンピタンス経営』
  ゲイリー・ハメル、C・Kプラハラード著
  一條和生訳(日経ビジネス人文庫)

- ▶『消費者行動論』
  平久保仲人(ダイヤモンド社)

- ▶『マーケティング原理 第9版』
  フィリップ・コトラー、
  ゲイリー・アームストロング著(ダイヤモンド社)

- ▶『コトラーのマーケティング・マネジメント』
  フィリップ・コトラー、
  恩藏直人監修(ピアソン・エデュケーション)

- ▶『研究開発の戦略』
  田口玄一(日本規格協会)

- ▶『増補改訂版 イノベーションのジレンマ』
  クレイトン・クリステンセン
  玉田俊平太監修、伊豆原弓訳(翔泳社)

- ▶『複雑系の知』田坂広志(講談社)

- ▶『ゲーム理論』岡田章(有斐閣)

- ▶『ネクスト・マーケット』
  C.K.プラハラード著
  スカイライトコンサルティング編(英治出版)

- ▶『プロフェッショナル・アントレプレナー』
  スコット・A・シェーン著
  スカイライトコンサルティング編(英治出版)

- ▶『HACCP INNOVATION』
  HACCP手法研究会(地球社)

- ▶『戦略の原理』
  コンスタンチノス・マルキデス著
  有賀裕子訳(ダイヤモンド社)

- ▶『サプライチェーン・ロジスティクス』
  D.J.バワーソクス、D.J.クロス、M.B.クーパー著
  阿保栄司他訳(朝倉書店)

- ▶ 理念
  ■トヨタ
  http://www.toyota.co.jp/jp/vision/message/index.html
  ■アサヒビール
  http://www.asahibeer.co.jp/aboutus/message/
  ■コクヨ
  http://www.kokuyo.co.jp/com/housin.html
  ■新日鐵
  http://www0.nsc.co.jp/company_profile/product_sales/pdf/P001_002_J.pdf
  ■富士通
  http://jp.fujitsu.com/about/philosophy/

【著者略歴】

織田隼人　（おだ・はやと）

経営コンサルタント。シオンコンサルティングCEO。本業のかたわら、男と女の心理の違いと理解を深める方法を説き、読者数35,000人のメルマガ『異性の心理マーケティング』の発行人として、ネットで人気を集める。特技は、決算書を見たら粉飾決算を見破れること。著書に、『メル返待ちの女』『好きな人と仲直りするコトバ』（以上、主婦の友社）、『MBA恋愛戦略』（大和出版）などがある。
ホームページ「異性の心理マーケティング」　http://sinri.biz/

モテるコンサルティング戦略

2006年10月30日　第一版第一刷発行

　　　　著　者●織田隼人
　　　発行者●江口克彦
　　　発行所●PHP研究所
　　　　東京本部　〒102-8331　千代田区三番町3番地10
　　　　　　　　　生活文化出版部　☎03-3239-6227（編集）
　　　　　　　　　普及一部　　　　☎03-3239-6233（販売）
　　　　京都本部　〒601-8511　京都市南区西九条北ノ内町11
　　　　　　　　　PHP INTERFACE　http://www.php.co.jp/

　　　印刷所●凸版印刷株式会社
　　　製本所●株式会社大進堂

©Hayato Oda 2006 Printed in Japan
落丁・乱丁本の場合は弊所制作管理部（☎03-3239-6226）へご連絡ください。送料弊所負担にてお取替えいたします。
ISBN4-569-65626-9